KB210619

예수님의 은혜

예수님의 은혜를 갈망하는

_____에게 사랑의 마음을 담아

이 책을 드립니다.

Jesus' Grace for Your Life

예수님의 은혜

햇살콩 김나단 × 김연선

예수님의 은혜를 늘 누리며
그분을 닮아가고 싶은 당신을 위한 묵상집

규장

은혜로
한 걸음씩 나아가는 인생

2019년에 《하나님의 때》, 《하나님의 선물》을 출간하고 단행본으로는 5년 만에 독자분들을 만날 생각에 설레고 감사한 마음입니다. 하나님의 때에, 하나님이 원하시는 가장 필요한 시기에 그분의 은혜를 담아 이 책을 펴내게 되었다고 믿습니다.

그동안 저희 가정에는 여러 변화와 기도 제목들이 있었습니다. 2021년, 국제복음선교회에서 선교사 파송을 받았습니다(선한이웃교회 파송). 그렇게 사명의 길로 들어섰는데, 같은 해에 유산을 겪었고 이듬해인 2022년에는 어린 딸이 장애 진단을 받았습니다. 이로 인해 가정과 사역에는 큰 변화가 있었지요.

생각지도 못한 아픔을 연이어 만나며 믿음으로 견뎌내기가 참 힘들었습니다. 주님 앞에서 많이 울었고, 주님의 뜻을 구했고, 주님과 그 어느 때보다 깊은 교제를 나누었습니다. 힘든 걸음으로 한 발자국 나아가면, 주님은 그때마다 따뜻하게 안아주시고 단단히 붙들어 주셨습니다. 그리고 날마다 예비해 놓으신 '새로운 은혜'를 경험하게 하셨지요.

신음하며 아파할 때, 세상의 좋은 그 무엇도 필요하지 않았습니다. 오직 우리를 창조하시고 우릴 위해 피 흘리신 예수님의 존재만이 참 위로가 되었습니다. '내 사랑아' 불러주시는, 사랑하는 자녀를 향한 그분의 완전한 사랑만이 살아갈 '힘'이 되었지요. 그렇게 예수님과 더욱 깊어졌습니다. 나 같은 인생에도 찾아오신 그분의 은혜가 한량없습니다.

믿음의 여정 가운데 맞닥뜨리는 여러 구체적인 상황 속에서 살아계신 '예수님의 은혜'를 경험하도록 돕기 위해 이 책을 썼습니다. 수년간 많은 독자와 청년의 고민을 귀담아들으며 기도하고 상담했지요. 그 과정에서 보고, 듣고, 경험하게 하신 예수님의 은혜와 사랑하는 자녀들을 향한 그분의 놀라운 사랑을 차곡차곡 담았습니다.

천천히 기도하는 마음으로 읽어보세요. 그리고 성경 구절을 깊이 묵상하며, 질문에 자신의 답을 진솔하게 적어 내려가세요. 이 책을 통해 사랑하는 독자 여러분에게 복음의 씨앗이 심기길 기도합니다. 날마다 예수님과 친밀하고 풍성하게 교제하길 소원합니다. 주님께서 하실 일들을 기대합니다.

감사하게도 이 책을 집필하는 중에 주님께서 저희 가정에 새 생명을 허락하셨습니다. 예은이의 동생, 예솜이가 책이 출간되는 달에 이 땅에 태어납니다. 오래 기다린 만큼 기쁨이 큽니다.

우리는 예수님의 은혜로 살아갑니다. 그분의 은혜는 항상 우리에게 부어지고 있지요. 오늘도 우리와 늘 교제하길 원하시는 그분 앞으로 한 걸음 나아갑니다.

다함없는 은혜를 누리며 살아가는
햇살콩 김나단×김연선

차례   프롤로그

믿음이 자라나는, 은혜 (3부)

1부

오늘, 내려주시는

은혜

우리 인생에
하나님의 손길이 깃들지 않은 곳은 없습니다

주님은
우리의 작은 한숨에도 귀 기울이십니다

가진 것들을 잃게 될까 봐

무서워요

□

예수님,

제게 주어진 것들이
다 주님께서 허락하신 것들임을 알면서도
잃게 될까 봐 무서워요.

가족 중에 갑자기 누가 아프진 않을지
잘되고 있는 일에 문제가 생기진 않을지
고생해서 모은 물질을
잘못된 선택으로 다 잃게 되지는 않을지

다 내가 노력해서 일궈온 일들인데
작은 것 하나라도 잘못되면 어떡하나

끊임없는 고민과 질문들이
제 생각을 어지럽혀
쉬이 잠들지 못할 때도 있습니다.

제가 느끼는 이 두려움과 근심은
어디서부터 비롯된 것일까요?
욕심이 너무 많아서일까요?

가진 걸 다 잃어도
예수님 한 분만으로 만족하며
감사하는 삶을 살고 싶다고 다짐하지만

돌아서면,
제가 손에 쥐고 있는 것들이
모래처럼 다 빠져나갈까 봐 불안합니다.

예수님, 도와주세요.

○

내 사랑아,

내가 하늘 아버지 곁에서

육신의 모양으로 이 땅 가운데 내려와
너와 같은 육체를 가졌었기에
육신의 번민함과 고민을 깊이 공감할 수 있단다.

마음속 두려움과 불안함은
그 가운데 참된 주인이 없기에 생기는 거란다.

모든 인생의 모양은 불완전해.

왜냐하면 사람은
하나님을 인생의 주인으로 인정해야만
비로소 깊은 평안을 누릴 수 있도록
창조되었기 때문이야.

어려서부터 나를 사랑해서
나의 모든 계명을 지켰던 한 청년이 내게 물었단다.

"제가 무엇으로 구원을 얻을 수 있겠습니까?"

내가 대답해 주었지.

"네가 가진 재물을 팔아서
어려운 이웃을 돕고 나를 따르거라."

그러자 그 청년은 근심하며 내 곁을 떠나갔어.
그가 인생에서 가장 중요하게 생각했던 것은
자신의 '구원'보다 '재물'이었기 때문이지.

손에 쥐고 있는 것을 놓기란 어려운 일이야.
특히나 소중하게 여길수록
절대 놓지 않으려 하는 게 육신의 생각이란다.

하지만 기억하렴.
우주 만물을 창조하고 다스리는 자리에서
세상으로 내려오는 것을 선택한
내 '사랑'을 말이야.

나는 너를 위해 나의 전부를 내주었단다.

내가 이 땅에서 태어나던 날,
수많은 사람의 축하와 축복도 없었고
내가 십자가를 지던 날,
제자들과 나를 따르던 사람들이
일제히 나를 외면했지.

하지만 나는 내 선택을 후회하지 않았단다.
이 걸음을 통해야만
너를 구원할 수 있었기 때문이야.

오늘, 네게 주시는 음성

내 사랑아,
네가 세상의 그 어떤 것보다
나의 사랑을 더 귀히 여겨주기를 바란다.

이제 힘겹게 쥐고 있던 것들을 내려놓고
내 손을 잡고 나아가자.

내가 네 인생의 주인이 되어
불안과 두려움 대신
평안과 참된 안식을 부어줄 테니
내 사랑 안에 머물렴.

육신의 생각은 사망이요
영의 생각은 생명과 평안이니라
육신의 생각은 하나님과 원수가 되나니
이는 하나님의 법에 굴복하지 아니할 뿐 아니라
할 수도 없음이라 육신에 있는 자들은
하나님을 기쁘시게 할 수 없느니라

로마서 8:6-8

"하나님보다 소중한 건 없습니다", "하나님 한 분으로 충분합니다"라고 당당하게 외치는 믿음이자 삶이고 싶습니다.

물질이나 지위가 우상이 되어서는 안 됩니다. 소유권을 놓지 못하는 것이 있다면 깨닫고, 하나님의 통치 아래 엎드려야 합니다.

우리는 땅의 재물에 집착하느라 구원을 놓치고 하늘 상급도 쌓지 못하는 어리석은 육신의 사람이 아니라 하늘에 보화를 쌓는 지혜로운 그리스도인이 되어야 합니다.

하나님은 우리에게 '전부'를 주셨습니다. 그 사랑을 마음에 새깁시다. 하나님나라의 소중한 가치를 붙들고 살아가길 기도합시다.

"하나님, 저를 통치해 주세요. 말씀으로 충만하게 해주세요. 가진 것을 잃을까 봐 전전긍긍하지 않고, 예수님 한 분으로 만족하고 기뻐하는 삶을 누릴 수 있도록, 제 인생에 좌정해 주세요."

생각하고 적어보기

◑ 잃을까 봐 두려움을 느끼는 영역이 있나요?

◑ 땅의 것에 소망을 두었던 마음을 회개합시다.

◑ 예수님을 삶의 참 주인으로 모시는 고백을
   올려드립시다.

아프게 쥐고 있던 것들을 내려놓고
내 손을 잡고 나아가자

내가 네 인생의 주인이 되어
평안과 참된 안식을 부어줄 테니
내 사랑 안에 머물렴

중요한 일을 앞두고
긴장감에 압도돼요

□

예수님,

아침이 오는 게 점점 두렵습니다.

오랫동안 준비했던 중요한 일을 앞두고
최선을 다하고 있지만,
좋은 결과를 받지 못하면 어쩌나
지금껏 애쓴 노력이 물거품이 되면 어쩌나
근심이 파도처럼 밀려옵니다.

시간이 다가올수록 입 안이 바싹바싹 마르고
긴장감에 머리가 복잡해집니다.

이대로 도망쳐 버리고 싶다는 생각까지 합니다.

주변에 이야기를 나눠보아도
근심의 먹구름이 걷히기는커녕 짙어만 갑니다.

사람들이 제게 기대하는 만큼
좋은 결과를 얻고 싶습니다.
잘 해내는 걸 보여주고 싶습니다.

하지만 점점⋯ 어깨를 짓누르는
이 거대한 부담덩어리가 무거워져요.

예수님,
도와주세요. 함께해 주세요.
제 마음을 헤아려주세요.

○

내 사랑아,

하루하루 야위어가는 네 마음을
내가 깊이 들여다보며 보살피고 있단다.

중요한 일을 앞두고
노력해 온 만큼 긴장감에 짓눌려

불안과 초조함에 휩싸인 네 마음을 이해한다.

그 마음을 해소하기 위해 안정감을 주는 무언가를
은밀하게 붙잡았던 것도 다 알고 있단다.

내 사랑하는 자녀야,
나는 너를 인도하는 선한 목자란다.

내 자녀를 위협으로부터 지키고
내 양이 건강하고 행복하도록
한시도 눈을 떼지 않고 돌보고 있지.

사랑받는 내 자녀는
내 품 안에 있을 때 가장 안전하단다.
그럴 때 어디서도 얻지 못하는
깊은 평안을 누릴 수 있지.

내 사랑아,
지금처럼 최선을 다하되
결과는 내게 맡기렴.

오늘처럼 초조하고 불안한 날에는
그 염려를 가지고 기도의 자리로 나아와
마음을 진정시켜 달라고 간구하렴.

네가 지칠 때면
내가 생명의 양식을 공급해 주고,
네가 나를 찾을 때면
나의 다함없는 사랑과 은혜를 통해
위로와 평안을 부어줄게.

네게 지혜를 허락하며
마음과 생각을 지켜줄게.

그런데,
반드시 잊지 말아야 할 게 있단다.

그 중요한 일의 결과가 어떠하든지
네가 하나님의 사랑을 받는
자녀라는 사실은 분명하단다.

'하나님의 존귀한 자녀'라는
신분과 가치와 정체성에는 변함이 없어!

내 사랑아,
너의 노력을 축복한다.
맡은 일에 끝까지 최선을 다하며
나와 함께 나아가자꾸나.

지금의 여정이,
결코 너 혼자서 감당하는
고독하고 외로운 싸움이
아님을 기억하렴.

오늘도,
사랑하는 너의 걸음걸음에
내가 함께할 거야.

오직 여호와를 앙망하는 자는 새 힘을 얻으리니
독수리가 날개 치며 올라감 같을 것이요
달음박질하여도 곤비하지 아니하겠고
걸어가도 피곤하지 아니하리로다

이사야 40:31

예수님의 편지

모든 이스라엘 백성이 출애굽의 과정을 경험했습니다. 불가능해 보이는 일을 하나님께서는 능히 하실 수 있음을 눈으로 보고, 피부로 느꼈습니다.

하지만 얼마 지나지 않아, 이스라엘 백성은 높은 성벽과 장대한 거인 족속 앞에서 금세 긴장하고 근심합니다. 성경을 읽으며 답답함을 느꼈습니다.

'그 엄청난 하나님의 기적을 보고도 어떻게 저렇게 믿음이 없을까?'

그러나 나 자신을 말씀에 비추어 보니, 하나님을 온전히 신뢰하지 못하는 이스라엘 백성과 별반 다를 바 없어서 몹시 부끄러웠습니다.

구름기둥과 불기둥으로 이스라엘 백성을 돌보시고, 광야에서 만나와 메추라기를 먹이시고, 돌을 쳐서 샘을 솟아나게 하신 기적과 능력의 하나님.

그 위대하신 하나님을 바라보기보다 눈앞에 닥친 거대한 성벽만을 바라보는 나. 하나님께 부르짖기보다 조급한 마음에 사람의 조언과 세상의 소리에 기대어 더 불안함에 떨던 나.

이런 나에게조차 하나님은 '내가 너와 함께한다' 말씀하십니다. 여전히 그분께로 '나아오라' 말씀하십니다. 그리고 주님이 안전하게 지키사 친히 인도하신 지난날을 '기억하라' 말씀하십니다.

우리 인생에 하나님의 손길이 깃들지 않은 곳은 없습니다.

걸어온 길을 돌아보니, 주님의 흔적이 없는 곳이 없고, 주님의 은혜가 아니면 결코 걸어올 수 없는 길이었음을 고백하게 됩니다.

주님은 우리의 삶 구석구석을 돌보시고, 우리의 작은 한숨에도 귀 기울이십니다. 당신에게 언제나 시선을 고정하고 계시는 인자하고 자비로우신 주님께 나아가세요.

중요한 일을 앞두고 긴장감으로 몸서리치는 마음에 새 힘과 지혜를 주시고, 평안을 허락하실 하나님만을 의지하세요.

생각하고 적어보기

◑ 나를 두렵게 만드는 삶의 문제가 있나요?

_____

◑ 어려움에서 건지시고 안전하게 지켜주셨던
  하나님의 인도하심을 떠올려봅시다.

_____

◑ 이제 문제에서 눈을 들어, 나와 동행하시는
  예수님을 바라봅시다.

_____

사랑받는 내 자녀는
내 품 안에 있을 때 가장 안전하단다

그럴 때 어디서도 얻지 못하는
깊은 평안을 누릴 수 있지

성공해서 재정적으로
자유롭고 싶어요

□

예수님,

세상은 이야기합니다.

"돈이 최고야. 돈이면 다 돼.
성공해서 좋은 차, 좋은 집 사야지.
부자 되는 게 성공한 인생이야."

많은 사람이 부자를 꿈꾸고
부자 되는 방법을 찾고 또 찾습니다.

단기간에 돈 버는 법, 성공하는 투자 전략 등을
미디어와 책을 통해 학습하며
경제적 자유를 꿈꿉니다.

저 역시 돈을 많이 벌어서 아무 걱정 없이
하고 싶은 것들을 마음껏 하며
편하게 살고 싶을 때가 있습니다.

경제적 자유가 찾아온다면
좋은 일도 더 많이 할 수 있을 것 같고요.

예수님,
돈을 많이 벌고 싶은 게
잘못된 생각인가요?

○

내 사랑아,

진정한 성공은 돈에 있지 않단다.
진정한 기쁨은 소유에 있지 않아.

성공은 '얼마나 갖느냐'의 문제가 아니라
'누가 되느냐'에 달려 있단다.

> 예수께서 이르시되 나를 따라오라
> 내가 너희로 사람을 낚는 어부가

되게 하리라 하시니

마가복음 1:17

나는 내 사랑하는 자녀가
나를 따르길 원한다.

무언가를 갖는 것이 네 목적이 되어서는 안 돼.
하늘 아빠가 원하시는 사람이 되는 데
네 목적을 둬야 한단다.

돈을 지나치게 사랑하지 말아라.
돈을 맹목적으로 좇게 만드는
세상의 목소리를 경계하렴.

이 땅에서 네가 아무리 돈을 긁어모아도
하늘나라에서 그 돈은 아무런 가치가 없단다.
죽으면 다 놓고 가는 것들이지.

탐욕에 빠지지 않는 방법은
청지기의 마음을 잃지 않는 것이다.

네가 가진 모든 것은
내가 너에게 잠시 맡겨둔 것들이란다.
그 주인은 네가 아닌 나라는 것을 기억하렴.

스스로 주인 행세를 하다가는
훗날 내 앞에서 책망을 받을 것이다.

오늘 네게 재정을 허락하는 이유는
너의 안락한 삶을 위해서가 아니란다.

더 크고 높은 내 뜻이 이루어지길 소망하며
내 나라와 영광을 위하여
나누고 흘려보내라고 내어준 거란다.

물질을 네 인생의 목표가 아닌
내 사랑을 나누는 도구로 아름답게 써다오.

나의 시선이 머무는 곳에
나의 마음이 향하는 곳에
나누고 흘려보내렴.

내 사랑아,
예수로 충만하고
예수로만 만족하고
예수로만 기뻐하는 삶을 살아라.

나와 동행하는 삶이
최고의 복이고, 성공이란다.

예수님은 우리가 '부요'하길 원하십니다. 우리가 하는 일이 선하신 그분의 뜻 안에서 잘되길 원하시지요.

그러나 이 부요는 세상 물질과 명예의 부요가 아닙니다. 그건 썩어 없어질 것들이기 때문입니다. 잘못 다스리면 교만함에 빠지기 쉽기 때문입니다.

예수님이 원하시는 부요는 '영혼의 부요', '믿음의 성장'입니다. 그분으로만 만족하고 기뻐하는 충만한 삶 말이지요.

재물이 인생의 목적이 되어서는 안 됩니다. 재물은 하나님나라를 확장하는 수단이어야 합니다. 재물의 노예가 되지 말고, 재물을 다스리세요. 청지기로서 재물에 대한 올바른 태도를 가지세요.

내가 나 된 것은 다 하나님의 은혜임을 고백하며 하나님께서 주시는 축복을 흘려보낼 때, 하나님은 그 마음을 기뻐하십니다.

우리가 하나님께 아무리 큰 것을 드려도, 그분께는 고작 100원의 가치도 안 됩니다. 그러나 아무리 작은 것일지라도 전심으로 드릴 때, 그분은 우리의 헌신의 태도와 마음을 기억하실 것입니다.

농부가 풍성한 소출을 기대하며 부지런히 씨를 뿌리는 것처럼, 하나님이 당신에게 허락하신 소중한 재정을 주변에 도움이 필요한 영혼에게, 복음 전파와 선교를 위해 아끼지 말고 흘려보내세요.

우리가 주님의 이름으로 심는 곳에 하나님께서 많은 열매를 거두게 하실 것입니다.

생각하고 적어보기

◑ 나는 돈을 다스리나요, 돈에 휘둘리나요? 왜 그렇게
생각하나요?

◑ 내 안에 돈을 사랑하는 마음, 탐심, 흘려보내길
꺼리는 인색함이 있는지 돌아봅시다.

◑ 물질, 시간, 마음을 흘려보낼 대상을 적어보세요.

물질을
네 인생의 목표가 아닌
내 사랑을 나누는 도구로
아름답게 써다오

언제쯤 믿음의 가정을
이룰 수 있을까요

□

예수님,

저를 위해 주님이 예비하신 배우자를
어떻게 알아볼 수 있을까요?

성품, 학벌, 직장, 외모 등 수많은 조건이 있지만
무엇보다 예수님을 사랑하는 사람과 교제하며
주님 안에서 함께 자라가고 싶어요.

그런데 그런 사람을 찾기가 참 힘들어요.

신앙이 좋아 보여도 교제하다 보면
실망하거나 맞지 않는 부분들이 꼭 생겨요.

이런 일이 반복되다 보니
사람을 만나는 일이 점점 어려워집니다.

주님이 예비하신 좋은 사람을 만나려면
어떻게 해야 하나요?

그 사람과 예수님과 저, 셋이서
행복한 사랑의 추억을
알콩달콩 쌓아가고 싶어요.
믿음의 가정을 이루고 싶어요!

상처받으며 시간을 낭비하지 않도록
좋은 사람을 알아보고
만나는 은혜를 허락해 주세요.

○

내 사랑아,

건강한 신앙의 배우자를 만나
너를 닮은 아이도 낳고
믿음의 가정을 이루고 싶은
너의 소망을 안다.

우선은 네가 완벽하지 않듯이
세상에 완벽한 사람은 없다는 것을 기억하렴.

완벽하지 않은 남녀가 연합하여
가정을 이루는 것은 참으로 고귀한 일이란다.

내 형상을 나타내고,
내 영광을 드러내기 위한
완벽하고도 선한 계획이 그 안에 있기 때문이지.

결혼은 너의 행복을 위한 것이기도 하지만
무엇보다 나의 영광을 위한 것이란다.

가정을 세우는 일은
나를 찬양하고 즐거워하고
나의 충만한 임재 속에 사랑과 은혜를 나타내며
나의 계획을 이루어 가는 여정이지.

부족하고 연약한 죄인들이 이루는 관계이기에
문제와 갈등이 발생할 수 있어.

그럴 때는 상대방을 탓하기보다
자신의 죄를 인정하고 용서를 구하며
매 순간 서로를 용납해야 한단다.

두 사람이 나의 충만한 임재 안에서
서로를 돕고, 깊이 사랑하고, 존중하고,
성숙해가며 복음을 증거해야 한단다.

늘 내 말에 귀를 기울이고
같은 길을 걸어가는 동로자로서
천국과 영원을 바라며 살아야 하지.

내 사랑아,
나의 완전한 뜻 안에서
올바른 배우자를 만나게 해달라고
계속 기도하렴.

너의 욕망과 초조함, 계획을 내려놓고
신뢰함으로 나의 뜻을 물으렴.

평생의 동로자를 알아보는 눈을 달라고,
그와 함께 갈 믿음의 여정을
기쁨으로 맞이하게 해달라고 기도하렴.

너의 인생을 향한 나의 타이밍은
언제나 완벽하단다.
그 기다림의 시간에
영적 생활과 맡겨진 일에 충실하여라.

네가 먼저 지혜롭고 아름다운
믿음의 사람으로 준비되기를
진심으로 축복한다.

어느 때나 하나님을 본 사람이 없으되
만일 우리가 서로 사랑하면
하나님이 우리 안에 거하시고
그의 사랑이 우리 안에 온전히 이루어지느니라
요한일서 4:12

거룩하고 정결한 사랑을 한다는 건 어떤 것일까요? 세상 사람들의 연애와 크리스천의 연애는 무엇이 달라야 할까요?

주님 안에서 건강한 사랑을 하는 사람들의 공통점은 그 관계에 하나님이 함께하신다는 거예요. 두 사람이 하나님 안에서 함께 울고 웃고, 하나님의 비전을 품으며, 기도로써 한 발 한 발 걸어가지요.

만일 연애와 결혼으로 인해 하나님과의 관계가 소원해지고 있다면, 속히 건강한 사랑을 하고 있는지 돌아봐야 합니다.

두 사람이 각자 하나님과 충만한 사랑의 관계를 누리고, 그 풍성한 사랑 안에서 서로를 격려하며 손을 맞잡고 나아가는 인생, 예수님의 사랑을 이웃에게 아낌없이 흘려보내는 인생, 이것이야말로 하나님과 동행하는 사랑, 아닐까요.

누군가를 만날 때 신중하세요. 욕망과 호기심을 따라 만남을 시작하지 마세요.

서로에게 신의를 저버리지 말고, 정결과 거룩과 정직과 친절로 대하세요. 자신의 만족과 쾌락과 유익을 위해 상대를 속박하지 말고, 존중과 존경함으로 대하세요.

나라는 존재를 깎아내리면서까지 상대에게 무조건 맞추는 관계도, 상대를 내 뜻대로 휘두르는 관계도 건강하지 못합니다.

상대의 거룩함과 신실함을 내 뜻과 기준으로 판단하는 것도 매우 위험한 행동이에요.

주님을 사랑하는 사람, 예수님 한 분으로 만족하는 사람, 예수님으로 인해 기쁨을 이기지 못하는 사람이 되세요. 내가 그런 사람이 되어야 비로소 나와 같은 마음으로 예수님을 사랑하는 사람을 발견할 수 있습니다.

서로 사랑할수록 예수님을 더 깊이 사랑하게 되는 사랑, 그런 사랑을 하는 그리스도인이 되기를 소망합니다.

◑ 내가 꿈꾸는 가정의 모습과 예수님이 원하실 믿음의
   가정의 모습을 적어보세요.

_____

◑ 배우자에게 바라는 영적인 모습들을 나는 갖추고
   있나요?

_____

◑ 하나님의 타이밍이 완벽하다는 걸 믿나요?
   조급함과 욕심으로 배우자를 구하지는 않는지
   돌아봅시다.

_____

너의 욕망과 초조함,
계획을 내려놓고

신뢰함으로
나의 뜻을 물으렴

깨어진 관계 때문에
고통스러워요

□

예수님,

도와주세요.
마음이 너무 아파서
몸을 일으킬 힘조차 없습니다.

지속되는 관계의 어려움 속에서
큰 상처를 받았고, 저 또한 큰 상처를 주었습니다.

사람을 만나고 교제하는 일이 마치 올무 같아요.
그 어떤 문제보다 크고 어렵게만 느껴집니다.

깨어진 관계 속에서 어찌 해야 할지를 몰라
이러지도 저러지도 못하고 그저 눈물만 흘립니다.

그럼에도, 그럼에도 예수님 앞에 나아갑니다.

'회복될 수 있을까'
소망이 사라져가는 이 순간에도
제 마음 깊은 곳까지 감찰하시고
돌보아주시는 예수님을 붙잡습니다.

예수님,
상처 가득한 제 모습을
있는 그대로 당신께 올려드립니다.

○

내 사랑아,

나는 너를 깊이 사랑한단다.
그래서 너의 아픔을 깊이 느낄 수 있지.

상처투성이인 모습 그대로 내게 나아와
네 마음을 쏟아주어 고맙다.

네 마음이 몹시 무겁고 상해 있구나.
위로와 회복이 절실해 보이는구나.

사람 관계 속에서 겪는 어려움은 참 다양하지.

그런데 모든 인생은
고난을 견디어내고 절망을 헤쳐 나가면서
그 뿌리가 더 견고하고 깊어진단다.

때로 사람을 통해, 상황과 환경을 통해
삶의 문제들이 해결되는 것처럼 보이지만

문제가 해결되는 건,
내가 너의 인생 가운데
선하게 일하고 있기 때문이란다.

사랑하는 자녀야, 내가 너를 지었단다.

지금 이 순간에도 너를 살피고 돌보며
변함없이 아끼고 사랑하고 있지.

오늘, 상처 입은 너의 손을 잡고
고통과 번민의 강에 빠져
허우적거리는 너를 건져줄 것이다.

용서와 이해와 화해는
네 힘으로 하기는 어려울 거야.

더 이상 한 발자국도
앞으로 나아가기 힘들다는 걸 잘 안다.
하지만 걱정하지 말아라.

내가 아낌없이 부어주겠다.

다른 이의 허물을 덮어주고
그를 용서하고 안아줄 수 있는
나의 무한한 사랑을,
결코 세상에서 얻을 수 없는
놀라운 평강을 허락해 주겠다.

오늘처럼
네가 나와 연결되어 있다면,
어두운 터널을 지나
찬란한 빛을 맞이하는 날이
머지않아 반드시 올 거란다.

파수꾼이 아침을 기다림보다
내 영혼이 주를 더 기다리나니
참으로 파수꾼이
아침을 기다림보다 더하도다
시편 130:6

인간관계는 내 뜻과 생각처럼 흘러가지 않을 때가 많습니다. 더 노력한다고 더 좋은 관계가 되는 것도 아니고, 상대방이 다가와 주기만을 바라도 건강하지 못한 관계로 발전할 수 있지요.

사람에게 무언가를 받으려고 기대하기보다 내가 나눌 수 있는 만큼만 마음을 다해 섬기는 것이 중요합니다.

그럼에도 상처가 되는 상황을 피할 수는 없겠지만, 우리에게는 상처 입은 마음을 회복시켜 주시는 분이 계십니다. 그분을 향해 언제든 이렇게 외칠 수 있지요.

"예수님, 도와주세요. 치료해 주세요."

예수님은 우리의 기도에 민감하게 반응하시고 귀 기울이십니다. 한 영혼을 위해 아주 먼 거리를 배 타고 가셔서 그를 귀신의 속박에서 건져내신 분이지요.

예수님은 상처와 아픔으로 눈물짓는 자들을 위로하시고 회복시키시며, 그들에게 하나님나라의 사랑을 가르치시는 분입니다.

우리를 구속하기 위해 죄의 형상인 육체를 입고 이 땅에 오셔서 십자가를 지고 죽으실 때까지 우리를 사랑하셨으며, 태초부터 우리를 사랑하신 분이지요.

예수님은 지금도 우리를 변함없이 사랑하십니다. 따뜻한 시선으로 우리를 주목하십니다. 그분의 사랑이 늘 우리를 향해 있고, 우리의 일상을 덮고 있음을 믿으세요.

문제를 맞닥뜨렸을 때, 예수님의 사랑이 여전히 당신의 삶에 가득 부어지고 있음을 기억하세요.

생각하고 적어보기

◑ 나를 힘들게 하는 영혼이 있다면, 그로 인한
어려움을 예수님에게 솔직하게 털어놓으세요.

◑ 나를 향한 예수님의 크신 사랑을 깊이 묵상하세요.

◑ 예수님의 사랑으로 그 힘든 영혼을 축복하는 시간을
가져보세요.

다른 이의 허물을 덮어주고
그를 안아줄 수 있는 나의 사랑을,
세상에서 얻을 수 없는
평강을 허락해 주겠다

스마트폰 중독에서
벗어나고 싶어요

□

예수님,

아침에 눈을 뜨면
오늘 할 일을 기록해 둡니다.

QT, 기도하기, 말씀 쓰기 등
예수님과 교제하는 경건 시간과
가정, 학교, 일터에서 해야 할 일들을요.

그런데 스마트폰으로 잠시
필요한 정보를 찾다가
당장 필요하지도 않은 수많은 정보에 이끌려
헤어 나오지 못하곤 합니다.

눈길을 끄는 짧은 영상들,
자극적이고 매력적인 사진들,
수많은 정보와 재미난 기사들.

그러다 보면 한 시간… 두 시간…
하루가 훌쩍 지나가고
주님과의 교제는 뒷전이 됩니다.

저에게 스마트폰과 미디어는
밤늦게까지 잠들지 못하게 하는
'중독' 같아요.

스마트폰에 매달려
시간을 허비하고 있다는 걸 알면서도
스스로 합리화하며 손에서 놓지를 못합니다.

조절하려고 애써봐도
정말 쉽지 않아요.

예수님, 어떻게 해야 할까요?

○

내 사랑아,

오늘날 수많은 나의 자녀가
스마트폰과 미디어에 중독되어 있단다.
나 외에 다른 것들을 섬기고 있지.

지금도 나는 너를 바라보고 있지만
너는 계속 다른 곳만 보고,
그것에서 즐거움을 찾는구나.

나 외의 다른 것에서 즐거움과 기쁨을 찾는
내 자녀들을 보면 마음이 너무나 아프단다.

수 세대에 걸쳐 사람들은
자기 마음에 기쁨과 위로가 되는
의지할 우상을 가까이 두고 그걸 섬겨왔지.

이스라엘 백성이 부르짖는 소리를
내가 기억하고 긍휼히 여겨 애굽에서 건져냈지만,
얼마 못 가서 자기들만의 '우상'을 만들었듯이 말이다.

우상 깊은 곳에는 '음란'이 있단다.

지금 네가 살아가는 시대는
이미 스마트폰과 미디어가 아이, 어른 할 것 없이
모두에게 하나의 우상이 되어 자리하고 있다.
수많은 사진, 영상, 정보가 사람들을 끌어들이지.

그리고 아주 교묘하고도 은밀하게
나의 몸 된 교회와
하나님의 법에 대항하는 정보를
내 자녀들이 무분별하게 받아들이도록
미혹하고 조종하고 있단다.

그러나 그 끝이 뭔지 아니?
바로 나와의 단절이란다.

잠깐의 즐거움 뒤엔 더 큰 외로움이 찾아오고
결국 텅 빈 공허함만 남지.

내 사랑아,
네게 자유의지를 준 것은
네 의지로 나를 찾길 원해서야.

유행을 무분별하게 따라가지 말고
진리 아닌 것과 쉽게 타협하지도 말아라.
내가 너에게 언제나 최우선순위가 되길 원한다.

내가 바라는 한 가지는,
사랑하는 너와 즐거이 교제하는 거란다.

종일 들여다보는
손안의 우상에서 시선을 들어
나를 바라보고 내게 귀를 열어다오.

너에게 절제할 힘이 필요하다면
나에게 도움을 요청하렴.

중독의 결박이 끊어지는 유일한 길은
나의 사랑과 은혜 안에 '충만히' 거하는 거야.

마땅히 끊어내야 할 것을 끊어내기 위해
내 앞에서 결단하고 몸부림칠 때,
내가 바로 곁에서 너를 도우며
세상을 이기는 힘을 더하여 주겠다.

내 사랑아,
오늘 나와 기쁨의 교제를
충만히 누리자꾸나!

세상이 악합니다. 질서가 무너졌고 부조리한 일이 속출합니다. 그래서 우리는 더욱 기도하고 매사에 성경을 기준 삼으며 하나님을 굳게 붙들어야 합니다.

그러나 스마트폰과 미디어로 인해 경건한 신앙생활이 뒷전으로 밀려나곤 합니다. 종일 손에 스마트폰을 쥐고, 미디어에 눈과 마음을 빼앗깁니다.

하나님을 생각할 시간이 없습니다. 그분 앞에 잠잠히 머물 여유가 없습니다.

빨리 자야 하는데, 일찍 일어나야 하는데, 시간에 쫓기는 상황에서도 스마트폰만은 놓지 않습니다. 해롭고 잡다한 정보들을 영에 끊임없이 주입합니다.

이 악하고 혼란스러운 세대를 살아가는 우리의 가장 큰 문제점은 기도와 말씀으로 무장하지 않는 것, 경건 시간을 사수하기 위해 전부를 걸지 않는 것, 하나님과의 교제를 삶 속에서 최우선으로 여기지 않는 것입니다.

거룩한 삶을 살아가기 위해서는 삶의 우선순위를 정해야 합니다. 인생의 거센 파도 앞에서 요동하지 않는 힘, 우는 사자처럼 먹잇감을 찾아다니는 사단의 유혹을 떨쳐낼 수 있는 담대함은 이 우선순위에서 옵니다.

즉시 우선순위를 재정렬하세요. 기도와 말씀으로 무장
하세요.

우리는 세상이 본받을 만한 믿음의 자녀로 부름 받았
습니다. 세상 어둠에 짓눌려 허우적대는 것이 아니라
잠들어 있는 세상을 흔들어 깨우는 빛의 자녀로, 세상
흐름을 따라가지 않고 주님이 기뻐하시는 길에 서는
거룩한 자녀로 말이지요.

매일 하나님 앞에 엎드리세요. 말씀을 읽고 기도하는
삶에 생명을 거세요. 그렇게 거룩한 삶을 지켜내세요.

너희는 이 세대를 본받지 말고
오직 마음을 새롭게 함으로 변화를 받아
하나님의 선하시고 기뻐하시고 온전하신 뜻이
무엇인지 분별하도록 하라
로마서 12:2

생각하고 적어보기

◑ 나의 스마트폰과 미디어 생활을 돌아봅시다.

_____

◑ 나는 하루 동안 하나님 앞에 얼마나 머물고 있나요?

_____

◑ 삶의 우선순위를 바로 세우기 위해 어떤 노력을
   하면 좋을까요?

_____

중독의 결박이 끊어지는
유일한 길은

나의 사랑과 은혜 안에
'충만히' 거하는 거야

부당한 일을 겪어도

참아야 하나요?

□

사랑하는 예수님,

요즘 마음이 만신창이입니다.

아침이면 온몸에 비수가 꽂힌 듯
끔찍한 심적 고통으로
침대에서 몸을 일으키는 것조차 힘이 듭니다.

주님이 보내신 일터에서
누구보다 부지런히 일하고
제일 먼저 자리를 정돈하고
맡은 일을 성실하게 감당해 왔어요.

그럼에도 같이 일하는 동료들로부터

타박을 받기도 하고, 이유 모를 따가운 눈총과
괴롭힘을 당합니다.

예수님을 너무 사랑해서
예수님의 자녀답게 살아내려고
부당한 일 앞에서도 꾹 참고
억울해도 눈물로 견뎠는데…
이제는 너무 지칩니다.

제가 성실하게 임할수록 사람들은
저의 섬김과 수고를 쉽게 생각하고 막 대해요.
정직하려고 노력할수록
저를 얕잡아보고 이용합니다.

'성실하고 정직한 게
세상을 살아가는 데 무슨 도움이 되나'
하는 깊은 회의감이 몰려옵니다.
담대함은 사라지고 점점 위축됩니다.

주님,
제가 하나님의 자녀이기 때문에
부당함을 다 감내하고 살아야 하나요?

누구 하나 알아주는 사람이 없는데도

끝까지 성실하고 정직해야 하나요?

고통 가운데 메말라 버린 심령으로
주님께 나아갑니다. 은혜를 구합니다.

도와주세요. 도와주세요, 예수님.

○

내 사랑아,

너의 애타는 울부짖음에
가슴이 미어지는구나.

빛보다 더 찬란하게
반짝이도록 너를 지었는데,
세상은 자꾸만 너를
깊은 수렁으로 끌어내리는구나.

네가 수없이 눈물을 훔치며 집으로 돌아오던 길,
억울함에 입술을 깨물고 참은 순간들,
내 자녀로 살아내기 위해 부단히 애쓴
그 모든 순간을 내가 다 기억하고 있단다.

내 앞에서 부끄럽지 않게 살아내려고
성실하게 자리를 지키고
정직하려고 노력하는 너에게서
내가 어찌 눈을 뗄 수 있겠니!

아무도 너의 수고를 알아주지 않아도
내가 다 보고, 기억하고 있단다.

너의 선함을 자기의 이익으로 삼아
너를 착취하고 고집스럽게 에워싸는
이들의 행실은 내가 훗날 심판할 것이니
너는 그들을 향해 미움을 품지 말아라.

사랑하는 자녀야,
내 품 안에 머물며 쉼을 누리렴.

세상은 너의 성실함을 어리석다 말하고
정직함을 미련하다 말할지 몰라도
나에게 '정직'과 '성실'은
값으로 매길 수 없는 귀한 성품이란다.

너는 지금껏 그래온 것처럼
나를 대하듯 만나는 이들을 대하고
내게 하듯 맡은 일을 감당하렴.

내 사랑아,
네가 눈물의 씨를 뿌리며 심는
헌신과 섬김과 희생을
내가 단 하나도 잊지 않을 거란다.

오늘도
내가 공급하는 만나의 말씀을 먹고
내 사랑 안에 머물렴.

광야 같은 인생길에서
그 자리를
성실과 정직으로 지켜내다오.

내 백성은 내가 책임진다.
내가 너를 안전하게 지켜줄 것이다.

그 주인이 이르되
잘하였도다 착하고 충성된 종아
네가 적은 일에 충성하였으매
내가 많은 것을 네게 맡기리니
네 주인의 즐거움에 참여할지어다 하고
마태복음 25:21

우리는 우리의 작은 섬김을 통해 예수님의 사랑이 흘러가기를 바랍니다. 주께 하듯 사람을 대하고, 맡겨진 일을 성실하고 충성되게 감당하려 노력하지요.

하지만 세상은 우리의 방식을 미련하게 여기고 무시합니다. 그러다 보니 성실함의 자리를 지키며 억울함의 눈물을 쏟을 때도 있고, 나의 선함을 이용하려는 자들 앞에서 마음이 무너져 내릴 때도 있습니다.

그럼에도 하나님의 말씀을 따라 사는 것만이 세상을 변화시키는 길입니다. 어리석어 보일지라도 이것이 하나님 앞에서는 가장 아름답고 존귀한 모습이기에, 선하고 정직하게 살아가기를 포기하지 않을 수 있습니다.

학교, 일터 혹은 가정에서 이로 인해 마음의 번민이 있나요? 예수님에게 나아가세요. 우리의 심령을 감찰하시며 모든 감정을 인정하고 사랑해 주시는 그분께서 오늘도 충성한 당신을 꼭 안으며 칭찬하실 것입니다.

근심하는 자 같으나 항상 기뻐하고
가난한 자 같으나 많은 사람을 부요하게 하고
아무것도 없는 자 같으나 모든 것을 가진 자로다
고린도후서 6:10

72

생각하고 적어보기

◑ 나는 하나님의 말씀대로 살기 위해 노력하나요?

_____

◑ 주께 하듯 사람을 대하고 일하면서 힘든 점은
없나요? 예수님에게 털어놓으세요.

_____

◑ 정직과 성실함으로 지켜야 할 자리는 어디인가요?

_____

광야 같은 인생길에서
그 자리를
성실과 정직으로 지켜내다오

아이를 양육하는 일이

버거워요

□

예수님,

사랑하는 아이를 품에 안고
당신께 고백하고 기도했지요.

'이 아이의 삶을 주님 손에 맡겨드립니다.'

그런데 매일 반복되는 육아가
생각 이상으로 지치고 힘이 듭니다.

물론 아이의 성장을
지켜보는 게 즐겁고 감사해요.
하지만 집 안에서 큰 소리를 내야 하는 날은
아이를 양육하는 일이 더욱 버겁게 느껴져요.

사랑으로 용납하고 품어주려 부단히 노력해도,
그걸 넘어서는 상황들이 발생할 때마다
마음과 입술을 지키기가 쉽지 않습니다.

아이에게 집중하다 보니
어느새 제 삶은 사라지고
저의 정체성과 가치도 잊어버리게 됩니다.

아이와 함께하는 고단한 일상 가운데
예수님, 함께해 주세요. 힘을 주세요.

제게 맡겨주신, 선물과도 같은 이 아이를
말씀으로 잘 양육하도록 도와주세요.

매일 육아하는 일상에
예수님의 임재를 소원합니다.
주님을 초청합니다.

○

내 사랑아,

한 생명을 창조하는 일은

나에게 벅차도록 행복한 일이란다.
그리고 나의 자녀에게 줄 수 있는
최고의 선물이지.

너에게 나의 자녀를 맡긴 이유는,
네가 아이를 양육하며 내 마음을 더 알아가고
나를 더욱 깊이 만나길 바라서란다.

육아를 통해 나의 사랑을 풍성히 누리고
내게 영광 돌리는 삶을 살게 하기 위함이란다.

결코 너를 힘들게 하려는 것이 아니야.

내 사랑아,
네가 아이와 함께하는 시간은
허무하게 사라지는 시간이 아니란다.

자녀에게 희생하고 헌신하는 너의 삶의 조각들이
아이를 눈부시게 자라나게 하는
풍부한 원천이 될 거야.

아이를 키우면서
네가 뒤처지는 것 같고, 도태되는 것 같고,
사라지는 것 같아 몹시도 서글픈 날이면

이것을 기억하렴.

세상에 자랑하기 위해
자녀를 양육하는 것이 아니라
세상을 살리기 위한 나의 선한 계획 속에서
그 사명을 이룰 사랑스러운 아이를
네가 맡았다는 것을.

너는 지금 영혼을 살리고 세상을 살리는
아름답고 고귀한 일을 감당하고 있다는 걸
잊지 말아라.

내 사랑아,
아이와 함께하는 소중한 일상에
내가 말씀으로 동행할 거란다.

너와 너의 자녀 모두,
내가 더할 나위 없이 사랑한다.

네 모든 자녀는 여호와의 교훈을 받을 것이니
네 자녀에게는 큰 평안이 있을 것이며
이사야 54:13

자녀는 하나님이 주신 귀한 선물입니다. 자녀 양육은 하나님의 계획이자 우리의 소명이지요. 부모 되는 특권을 주신 하나님께 감사하며, 자녀의 영육이 건강하게 자라도록 늘 기도함으로 부모의 역할을 성실히 감당해야 합니다.

자녀가 하나님을 사랑하고 경외하며(신 6:5, 잠 1:7) 이웃을 섬기고(눅 10:27) 하나님의 선하신 뜻을 분별하는(롬 12:1,2) 어른으로 성장하려면, 부모가 먼저 믿음의 본을 보여야 합니다.

무엇보다 자녀의 구원을 위해서 기도하세요. 자녀에게 하나님의 말씀을 부지런히 가르치세요(신 6:6,7, 딤후 3:15,16). 자녀가 부모의 소유가 아닌 하나님의 자녀임을 잊지 마세요(사 43:1).

육아 현장은 전쟁터가 아니라 하나님이 허락하신 '작은 천국'입니다. 오늘 그곳에 하나님의 임재가 충만하길 기도합니다. 그 값진 여정을 기쁘고 힘차게 걸어가길 온 맘 다해 축복합니다.

> 내가 내 자녀들이 진리 안에서 행한다 함을
> 듣는 것보다 더 기쁜 일이 없도다
> 요한삼서 1:4

◑ 자녀 양육의 힘듦을 예수님에게 솔직하게
   털어놓으세요.

_____

◑ 자녀가 하나님의 소유임을 인정하나요? 자녀
   양육에 내 욕심이 섞여 있지는 않은지 돌아보세요.

_____

◑ 자녀를 축복하는 기도문을 적어보세요.

_____

너는 지금
영혼을 살리고 세상을 살리는
아름답고 고귀한 일을
감당하고 있단다

사랑하는 자녀가

아파요

□

예수님,

사랑하는 제 아이가 아파요.
청천벽력 같은 소식에
마음 가눌 길이 없습니다.

왜 제게 이런 일이 일어난 건가요?
왜 이런 시련을 주시는 거예요?

주님, 제가 대신 아플게요.
아이를 치료해 주세요.

평생 아이가 지니고 살아가야 할 고통에
눈물이 앞을 가립니다.

예수님, 예수님…

능치 못하실 일이 없으신 주님,
제 아이를 치료해 주세요.

○

내 사랑아,

내가 한 생명을
얼마나 신중하게 고민하고 또 고민하며
아름답게 빚어가는지 아니?

네 자녀도 내 정성의 완전체란다.

나는 모든 인생의 주인이야.
모든 피조물의 창조주지.
네 삶도, 네 자녀의 삶도
내가 친히 인도하고 있단다.

세상은 육신의 연약함에 낙인을 찍지만,
나는 그것까지도 통로로 삼아
나의 사랑을 드러낼 거란다.

세상은 끝없이 타락하고
한 치 앞도 보이지 않을 만큼
짙은 어둠으로 뒤덮여 있지만,
내 자녀들은 내 품에서 안전할 거란다.
내가 보호하고 살피며 지키고 있기 때문이지.

네 아이는 세상에 빛을 드러내는
통로가 될 거야.

죄악으로 물든 세상에서
나의 순전함과 거룩함을 나타내며
세상 욕심에 물들지 않고
한 영혼을 전심으로 사랑하는
순수하고 존귀한 자로 살아갈 거란다.

그 아이를 향한
나의 선한 계획을 믿고 기대하렴.

내 사랑아,
누구도 쓸모없이 태어나지 않았고
부족함이 흠이 되도록 창조되지 않았단다.

비록 지금 겪는 어려움과
미래에 대한 걱정이 있을지라도

너는 나를 믿고,
네 자녀가 거친 세상을 헤쳐가는 데 필요한
올바른 이정표의 역할을 해다오.

참 주인인 내가
너와 네 자녀의 인생을 책임지고
영원히 끝날까지 함께하겠다.

> 하나님의 뜻대로 고난을 받는 자들은
> 또한 선을 행하는 가운데에
> 그 영혼을 미쁘신 창조주께 의탁할지어다
> 베드로전서 4:19

아직도 생생합니다. 사랑하는 아이에게 장애 진단이 내려지던 순간.

눈으로는 의사 선생님의 입술을 보고 있었지만, 머릿속은 온통 하애졌습니다. 꾹 참았던 눈물은 차에 타서야 왈칵 쏟아졌지요. 저희 부부는 누가 먼저랄 것도 없이 꼭 끌어안고 울었습니다.

'우리 딸, 이제 어떡하나…. 하나님의 일을 하기 위해 애쓴 우리 부부에게 왜 이런 일을 허락하실까?'

이해할 수 없고 받아들이기 힘들었습니다. 하나님의 의중을 도무지 알 수 없었습니다.

많이 아팠습니다. 많이 울었습니다. 그런데 다른 곳에서 울지 않았습니다. 하나님 앞에서 울었고, 하나님 발밑에 엎드렸고, 하나님 안에 오래도록 머물렀습니다.

감사하게도 저희 부부에게는 변함없는 믿음이 있었습니다. 바로 하나님은 선하시며 우리를 사랑하신다는 확신 말이지요.

번민은 오래가지 않았습니다. 기도를 통해 하나님은 제 내면 깊은 곳에 자리 잡고 있던 교만을 깨뜨려 주셨고, 낮아지게 하셨습니다. 참 주인이신 하나님만을 의지하게 하셨습니다. 같은 아픔을 겪는 이들을 깊이 공감하며 위로하게 하셨습니다.

가정 안에 예수님의 은혜가 충만해지자, 저희 부부는 동일한 고백을 올려드렸습니다.

"하나님 손에 예은이의 삶을 맡깁니다. 예은이를 통해 일하실 하나님을 찬양합니다."

"하나님은 언제나 선하시고, 언제나 옳으시고, 언제나 우리를 선한 길로 인도하십니다."

예은이는 저희 가정에 보내주신 '하나님의 선물'입니다. 오늘도 우리 아이만의 특색을 들여다봅니다. 아이의 순수함에 기뻐합니다. 하나님이 창조하신 거룩하고 존귀한 존재임을 발견합니다.

일상에 기쁨과 감사와 행복이 흘러넘칩니다. 사랑하는 딸의 이름처럼 정말 '예수님의 은혜'입니다.

인생길을 걷다 보면 예기치 못한 상황을 맞이해 주저앉고 싶을 때가 많습니다. 그럼에도 기뻐할 수 있는 건, 예수님이 함께하신다는 확신과 믿음이 있기 때문입니다. 그분과 함께면 어떤 어려움도 넘어설 수 있고, 더디고 버거운 상황도 헤쳐갈 수 있기 때문입니다.

예은이의 일을 나누었을 때, 손경민 목사님이 지어주신 곡이 있습니다. 저희 부부에게 큰 위로와 힘이 된 이 곡의 가사가, 고난 가운데 있는 이들의 마음을 어루만져 주길 기도합니다.

하나님 당신은 언제나 선하십니다

나의 주님 오직 당신만이
아시는 이유가 있음을 믿습니다
다 이해할 수 없는 많은 일도
당신만 아시는 이유가 있습니다
내게 주어진 많은 일들
왜 내게 주셨는지
나의 지혜로 다 이해할 수 없어도
주는 언제나 선하십니다
주님 이제 나는 더 사랑하고
더욱 공감하고 깊이 위로합니다
더 낮아지고 더 겸손하게
오직 주님만을 더욱 사랑합니다

◑ 이해할 수 없는 고통 가운데 있나요? 솔직한 심정을 예수님에게 털어놓으세요.

_____

◑ 하나님은 언제나 선하시며 나를 사랑하신다는 진리를 믿나요?

_____

◑ 하나님께 삶의 문제를 완전히 맡겨드립시다.

_____

네 자녀는
세상에 빛을 드러내는
통로가 될 거야

나의 선한 계획을 믿고 기대하렴

바쁜 사역에
몸과 마음이 지쳐가요

□

예수님,

하루하루 맡겨진 사역에 치여
일상이 어떻게 지나가는지 모르겠어요.

처음에는 자녀 삼아주신 은혜에 감격하며
'주님께 무엇을 드릴 수 있을까?' 기도했습니다.

자연스레 교회 공동체에서 여러 사역을 맡게 되었고,
맡은 일들을 감당하며 주의 말씀을 먹이고
잃어버린 한 영혼을 위해 애썼습니다.

그런데 요즘에는
육적으로나 심적으로 너무 지쳐있는 걸 느낍니다.

다른 사람의 마음을 위로하고
그들을 위해 눈물 흘리며 기도하지만,
정작 나를 위해 눈물로 기도해 주는 이는
없는 것 같아 마음 시리도록 외로울 때가 있습니다.

사역의 자리를 지키느라
제 가정이 흔들리지는 않을지 걱정되기도 합니다.

사역 가운데 관계의 문제가 생기거나
의견 충돌이 일어나면 더욱 힘이 빠집니다.

숨 한번 편히 쉬지 못하고
속상한 마음 한번 쉬이 털어내지 못하는
이 자리가 무거운 짐처럼 느껴집니다.
열심히 하지만 기쁨이 메말라 갑니다.

주님,
안식을 누리고 싶어요.
예수님 안에서의 쉼이 간절해요.

예수님의 충만한 사랑 안에서
기쁨을 누릴 수 있는 것만으로도
가슴 떨리게 행복했던 시절이 그립습니다.

바쁜 사역으로 무너진 제 마음을
주님께 올려드립니다.

제게 평안과 안식을 주세요.
예수님의 사랑으로 이 상황을 넉넉히 이기고
회복될 수 있도록 힘을 더하여 주세요.

○

내 사랑아,

네가 누려야 할 안식과 쉼을
'바쁨'이 앗아가 버렸구나.

맡겨진 사역이 때론 쉽지 않지만,
나의 나라와 영광을 위해 기쁨과 눈물로
헌신하는 너의 모습이 참 귀하다.

하지만 그 가운데서
사역보다 먼저 되어야 할 것이 있단다.
바로 나와 '사랑'하고 '교제'하는 일이야.

오래전부터 계획한 나의 열심이

오늘, 내려주시는 은혜

93

너를 그 자리에 세웠단다.
그리고 너의 기도와 섬김을 통해 일하고 있지.

하지만 나와 사랑의 교제를 나누기보다
사역과 일을 우선시하지 않았는지 돌아보렴.

사역을 위해 과속하지 말아라.
사역에도 적정 속도가 필요하단다.

너의 신앙과 삶은 그 누구도
대신 살아주거나 지켜주지 못해.

그러니 굳건한 믿음 안에서
가정을 지혜롭게 돌보고,
너무 많은 것을 맡고 있다면
분별하여 내려놓을 줄도 알아야 한단다.

내 사랑아,
모든 상황에서 너의 한계를 겸손히 인정하고
마음을 다하여 나를 의지하렴.

나와 건강하게 연합할 때,
너는 여유롭고 넉넉한 마음으로
삶과 사역을 더욱 힘있게 이어갈 수 있단다.

지금처럼 나에게 어려움을 고백하렴.

너의 전부가 되는 내가
안식을 누리게 해줄 거란다.
활력 잃은 인생에 쉼을 허락하고
나아갈 방향을 분명하게 보여줄 것이다.

내 은혜만을 구하고, 내 사랑 안에 거하렴.

내 사랑아,
네가 나를 진정으로 사랑하느냐?

그렇다면
나의 풍성한 사랑 안에서 평안을 누리며
상처 입은 많은 이들에게
나의 사랑과 위로를 전해다오.

오늘, 더욱 기도하고 사랑하렴.

우리가 이 보배를 질그릇에 가졌으니
이는 심히 큰 능력은 하나님께 있고
우리에게 있지 아니함을 알게 하려 함이라

고린도후서 4:7

연약하고 부족한 우리를 위대한 하나님나라 사역에 동참시켜 주신 은혜가 큽니다.

하지만 그 은혜에 감격하여 맡겨주신 사역을 위해 열심히 달려가다 보면 놓치는 것들이 있습니다.

예수님과의 관계, 맡겨주신 가정, 허락해 주신 건강. 정말 중요하지만, 온 마음을 쏟아 사역할 때 간과하기 쉬운 부분이지요.

그럴 땐 잠시 멈추어, 그 열심이 나를 위한 열심인지, 그리스도를 위한 열심인지를 분별해야 합니다. '예수님 없는 열심'은 빈 껍데기와 같고, '나를 위한 열심'은 교만으로 가는 지름길이기 때문입니다.

사역을 통해 내 욕망을 이루고자 한다면 즉시 돌이키세요. 나 아니면 안 된다는 교만한 생각도 버리세요. 하나님의 일은 하나님이 하십니다.

사역에 열심을 내기 전에 예수님과 깊이 교제하는 시간을 지키세요. 예수님의 음성을 듣는 일에 마음을 쏟고, 예수님 말씀에 순종하기 위해 노력하세요.

그 가운데, 몸과 영혼을 위한 쉼을 꼭 가지세요. 하나님이 세상을 만드셨을 때 안식의 본을 보이셨듯이 쉼은 선택이 아니라 하나님의 명령입니다.

예수님의 사랑 안에 늘 거하고, 사역과 가정과 일터에서의 속도를 적절히 조절하며, 쉼과 채움의 시간을 균형 있게 갖는 '지혜'와 '순종'의 사람이 되기를 축복합니다.

생각하고 적어보기

◑ 요즘 나의 영과 혼과 몸의 상태는 어떤가요?

_____

◑ 나의 열심이 무엇을 향해 있는지 동기를 살펴봅시다.

_____

◑ 예수님과 깊이 교제하고 있나요? 우선순위를
　 돌아봅시다.

_____

나와 사랑의 교제를
나누기보다

사역과 일을
우선시하지 않았는지
돌아보렴

2부

골방에서 만난,

은혜

예수님 앞에 마음을 다 털어놓으세요

그분께 나아가 엎드리기를 주저하지 마세요

제 자신이
무가치하게 느껴져요

□

예수님,

저는 제게 맡겨진 일상을
최선을 다해 채워나가고 있어요.

그런데 종종 주위를 둘러보면
제 자신이 무가치하게 느껴질 때가 있어요.

SNS만 봐도 삶을 즐기면서
화려하고 멋지게 살아가는 사람들이 많아요.

자신의 전문 분야에서 뛰어날 뿐만 아니라
기발한 아이디어로 새로운 길을 개척하고
두세 가지를 동시에 잘하는 사람도 많죠.

한 번도 만나본 적 없는 사람들인데
마음 한구석에서
그들을 부러워하고 질투하기도 해요.

그들에 비해서 저는
잘하는 게 하나도 없는 거 같아요.

맡은 일에서조차
같은 실수를 반복하고, 한계를 느끼고
새로운 것에 도전할 엄두가 나지 않아요.
이런 제 자신이 너무 무가치하게 느껴져요.

자꾸만 이런 생각에 빠지다 보니
점점 무기력해지고 삶이 즐겁지 않습니다.

이 생각에서 어떻게 벗어날 수 있을까요?

○

내 사랑아,

네 자신을 무가치하게 느낀다는 말에
가슴이 먹먹해지는구나.

나의 헤아릴 수 없는 사랑으로
지음 받은 네가
어떻게 무가치할 수 있겠니.

너의 가치는
세상의 기준이나 너 혼자만의 생각으로
결정되는 게 아니란다.
남들의 평가에 따라 결정되는 것도 아니지.

내 사랑아,
잘하는 것이 없다고 해서
자책하거나 낙담하지 말아라.

하늘의 천사와 저 넓은 대양과
공중의 새와 내가 창조한 온 만물이
너의 아름다움을 부러워하고 찬양할 정도로,
너는 빛나고 아름답게 창조되었단다.

너의 가치에 대해서는
너를 창조한 내가 누구보다 잘 알고 있지.

세상의 소음에 네 마음을 빼앗기지 말고
날마다 사랑을 외치고 있는 내게
너의 온 마음을 집중하렴.

화려하고 뛰어나고 특별해 보이는 삶,
모두가 부러워하고 로망으로 여기는 삶,
나는 너에게 그런 인생을 강요하지 않아.
다만 내 사랑을 덧입고 살아가길 기대한단다.

예수를 사랑하고
예수를 자랑하고
예수만 전하는 삶.

이것이 가장 가치 있고
아름다운 삶이라는 것을 기억하렴.

내 사랑아,
나의 선한 계획 안에서
너의 삶을 이끌어가고 있단다.

네가 이것을 믿는다면
너의 존재 가치를 다시 확립할 수 있을 거야.
결코 의심하거나 흔들리지 않을 거란다.

나의 사랑
너는 어여쁘고 아무 흠이 없구나

아가 4:7

인간은 불완전하기에 자신의 연약함을 발견하는 건 자연스럽고 당연한 일입니다. 다만 연약함을 곱씹으며 자책하지 말고, 하나님을 의지하여 한 걸음 한 걸음 담대하게 나아가야 합니다.

하나님께서 모세를 부르셨을 때, 언변이 없던 모세는 머뭇거립니다. 그를 향해 하나님께서 말씀하십니다.

> 누가 사람의 입을 만들었느냐?
> 누가 말 못 하는 자를 만들고,
> 듣지 못하는 자를 만드느냐?
> 누가 앞을 보는 자나
> 앞을 보지 못하는 자를 만드느냐?
> 나 여호와가 아니냐?
>
> 출애굽기 4:11 쉬운성경

또한 예수님은 두루 다니시며 병들고 아픈 자들을 치료해 주셨습니다. 이처럼 사람을 지으신 이도, 사람의 아픈 부분을 치유하시는 이도, 그 연약함을 통해 일하시는 이도 우리를 만드신 여호와 하나님이십니다.

내게 없는 것을 바라보느라 주님이 주신 좋은 것들을 놓치는 어리석음을 범하지 마세요.

다른 이가 가진 것이 커 보여서 내가 가진 것이 아무것도 아니라는 착각 속에 인생을 낭비하지 마세요.

아침에 눈을 떠서 오늘도 무사히 숨을 쉬는 것, 가고 싶은 곳을 마음껏 걸어 다닐 수 있는 것, 무한한 감정을 느끼고 표현할 수 있는 것, 이 모든 게 거저 주어진 것이 아님을 안다면 자신을 더 깊이 사랑할 수 있을 것입니다.

하나님의 시선으로 자신을 바라보세요. 그러면 결코 스스로 비하하거나 깎아내리는 생각을 할 수 없을 것입니다. 우리는 하나님의 '기쁨' 그 자체니까요.

주님은 우리에게 구원을 베푸시며, 우리로 인해 기쁨을 이기지 못하시며, 누구보다 우리를 깊이 사랑하시며, 우리로 인해 즐거워하시며 기뻐하십니다. 우리는 그분께 이런 사랑을 받으며 살아가는 존재입니다.

당신은 무가치하지 않습니다. 세상에서 가장 존귀한 당신의 가치를 주님 안에서 날마다 발견하세요.

◐ 내가 당연하게 누리고 살아가는 것을 적어보세요.

◐ 하나님이 나에게 주신 감사한 것을 적어보세요.

◐ 아래 성구에 자기 이름을 넣어서 읽어보세요. 나를
   향한 하나님의 마음을 느낄 수 있을 거예요.

　　○○의 하나님 여호와가 ○○의 가운데에 계시니
　　그는 구원을 베푸실 전능자이시라 그가 ○○로
　　말미암아 기쁨을 이기지 못하시며 ○○를 잠잠히
　　사랑하시며 ○○로 말미암아 즐거이 부르며
　　기뻐하시리라 하리라 스바냐 3:17

예수를 사랑하고
예수를 자랑하고
예수만 전하는 삶

이것이 가장 가치 있고
아름다운 삶이라는 것을 기억하렴

음란의 죄를

끊어내고 싶어요

□

예수님,

엎드려 기도하기까지
고통의 시간을 보냈습니다.

사실 그 고통은 여전히 진행 중이에요.

누군가에게 조언을 구하기도
이 죄악을 털어놓기도
부끄럽고 수치스러운 마음이 들어서
입 밖으로 꺼내지도 못했어요.

처음에는 우연히 그리고 단순히
이성에 대한 궁금증과 호기심으로

음란한 영상들을 보기 시작했는데,
이제는 제 삶이 통째로 잡아먹힌 것 같아요.

어디를 가든, 누구를 만나든,
마치 중독이 된 것처럼
제가 본 영상이나 이미지들이
머리를 스치고 지나가요.
잠깐의 여유만 생겨도
음란의 문을 열고 싶은 충동이 들어요.

하나님의 자녀는 거룩함을 옷 입어야 하는데,
저는 더러움으로 얼룩진 옷을 입고
살아가고 있습니다.

하지 말아야 하는 행동인 걸 알아요.
끊어내야 할 죄악인 것도 알아요.

그런데 왜 이 악의 늪에서
쉽사리 벗어나지 못하는 걸까요?

빠져나오려고 발버둥 칠수록
왜 더 깊이 빨려 들어가는 걸까요?

주님의 자녀답게 정결함을 옷 입게 해주세요.

이 강력한 음란의 속박에서
제발 해방시켜 주세요.

예수님, 도와주세요.

○

내 사랑아,

음란의 길에서 돌이키려고
눈물로 간절히 기도하는
너의 회개를 내가 듣고 있단다.

오늘날 음란이 수많은 영혼 깊숙이 침투하여
생각과 마음을 조종하고 있지.

눈에 보이지 않기에
더 숨기기 쉽고, 더 쉽게 넘어질 수 있어.

잠깐의 쾌락을 얻고자
음란물에 손을 뻗는 것은
사탄이 좋아하는 죄악으로 들어서는
지름길이란다.

반복되는 음란의 죄는
내 음성을 들을 수 없도록
너의 귀를 막고, 두 눈을 가린단다.

너의 바람과는 상관없이
너를 이리저리 끌고 다니며
결국 죄책감으로 나에게 나아올 수 없게 만들지.

음란의 문제 앞에 자꾸만 무릎을 꿇으면
그 죄가 점점 습관이 되고 무감각해진단다.

내 사랑아,
이 땅에서 살아가는 한
육신을 넘어뜨리려는 죄악의 유혹은
끊임없이 찾아온단다.

내 안에서 부단히 훈련하며
죄악으로부터 자신을 지켜낼 힘을
기르는 것만이 살길이지.

이제 결단하자.

먼저는 네 눈이 바라보는 것, 네 귀가 듣는 것,
네 걸음이 향하는 곳을 분별하렴.

끊어내기 힘든 죄악일수록
더욱 나를 붙들어야 한단다.

죄악의 그림자가 드리울 때면
즉시 나를 찾아라.
죄로 이어지는 모든 통로를
과감히 제거하고 버려라.

그리고 너와 나를 단단하게 묶어주는
은혜의 자리로 나아와 깊이 머물러라.

나의 다함없는 사랑으로
너의 영혼몸을 '충만히' 채워줄 거란다.

성령의 도움을 구하렴.
즉시, 내가 너를 도울 것이다.
그 악의 웅덩이에서 건져낼 것이다.

하나님의 뜻은 이것이니
너희의 거룩함이라 곧 음란을 버리고
데살로니가전서 4:3

초대교회 당시 로마의 도시들은 성적으로 문란했습니다. 성적 방탕함을 죄로 여기지 않았지요. 데살로니가도 그랬습니다.

이때 사도 바울은 데살로니가 성도들에게 구별된 삶을 촉구했습니다. 음란을 버리고, 이방인과 같이 색욕을 따르지 말고, 음란한 행위로 형제를 해롭게 하지 말라고 권면했지요. 하나님의 뜻은 '거룩'이기 때문입니다 (살전 4:3-6).

이 시대도 성적인 죄가 만연합니다. 손가락 터치 하나만으로 누구나 손쉽게 음란한 콘텐츠를 접할 수 있습니다. 그러나 크리스천은 그런 매체를 봐서는 안 됩니다. 분별해야 합니다. 음란은 몸 안에 짓는 죄입니다.

거룩과 순결을 가볍게 여기는 세상에서 하나님은 그 가치를 지키려 몸부림치는 사람을 찾으시고, 그를 통해 어두운 세상에 빛을 비추길 원하십니다.

어둠은 오직 '빛'으로만 물리칠 수 있습니다. 빛 되신 '예수 그리스도'를 굳게 붙잡아야만 거대한 음란의 흐름에 휩쓸리지 않고 살아갈 수 있습니다.

우리는 거룩한 하나님의 사람입니다. 예수님의 핏값으로 하나님의 성전이 된 존재입니다. 세상의 욕망을 버리고 성령의 열매를 추구하는 그리스도의 사람입니다. 이는 저절로 얻어지는 것이 아닙니다.

'잠깐만, 한 번만'이라는 음란의 속삭임에 속지 말고 깨어 있기 위해 부단히 노력하세요. 처음엔 실수여도 두번, 세 번 이어지면 습관으로 자리를 잡습니다.

언제나 예수님을 생각하세요. 모든 상황에서 예수님을 선택하세요. 성령님의 도우심을 구하세요.

음란한 시대 가운데, 우리를 향한 하나님의 뜻은 '거룩'입니다.

생각하고 적어보기

◑ 현재 음란의 문제에 매여있나요? 혹은 음란의 죄를
지은 적이 있나요?

◑ 하나님 앞에서 전부 회개하고, 성령님의 도우심을
구하세요.

◑ 음란의 죄를 자꾸 짓게 만드는 상황, 환경, 습관 등을
제거할 구체적인 방안을 적어봅시다.

죄로 이어지는 모든 통로를
과감히 제거하고 버려라

너와 나를 단단하게 묶어주는
은혜의 자리로 나아와 깊이 머물러라

사람들의 관심에

목말라요

□

예수님,

저는 사람들의 관심을 받고 싶어요.
누군가로부터 인정을 받을 때가 참 좋습니다.

늘 중심에 있고 싶고, 더 많은 사람이
제게 집중해 주었으면 좋겠어요.
그래서 주목받기 위한 방법을 늘 강구합니다.

하지만 누군가의 애정과 칭찬을
갈구하면 할수록 더 목마르고
만족이 되지 않습니다.

제 안에 깨진 독이 있어서

그 안을 아무리 채우려 해도
채워지지 않는 것 같아요.

○

내 사랑아,

사람과의 관계를 소중히 여기고
관계 안에서 삶을 나누며
배워가는 것은 참 소중한 일이야.

네가 사랑하는 가족, 친구, 공동체로부터
격려와 인정과 칭찬 받기를
갈망하는 것도 자연스러운 일이지.

그런데 사람의 칭찬에 목말라하다 보면
네 말처럼 공허함과 불만족을 느낄 거야.

너의 초점은 항상 나를 향해야 한단다.

너는 내가 창조한 피조물로,
내 안에서만 너의 진정한 가치와 목적이 발견되고
내 인정을 통해서만 기쁨과 평안이

충만히 채워지기 때문이지.

내 사랑아,
나는 너를 조건 없이 사랑한단다.
그 어떤 것에도 비할 수 없는 기쁨으로
너를 바라본단다.

내 눈에 너는 '기쁨' 그 자체야.

너의 죄를 씻기 위해
나 자신을 내어주었고,
그 사랑으로 너는
의롭다 여김을 받게 되었지.

사랑하는 내 자녀야,
사람의 일시적인 칭찬을 갈망하지 말고
나의 영원한 인정을 소망하렴.

사람들의 관심과 인정은
훗날 네가 받을 하늘 상급에 비하면
작은 먼지와도 같단다.

네가 나를 따르는 자로서
내 뜻에 따라 살아가며

내 나라와 영광을 구하는 데
초점을 맞추면,
너는 자연스럽게
사람의 칭찬도 받게 될 것이고

초점이 바뀐 너의 삶을 보며
나는 더할 나위 없이 행복할 거란다.

나무와 꽃이, 하늘과 바다가
나를 노래하는 것처럼
오늘, 가장 아름답게 창조된 네가
나를 찬양하고 노래했으면 좋겠구나.

하나님이 우리를 사랑하시는 사랑을
우리가 알고 믿었노니 하나님은 사랑이시라
사랑 안에 거하는 자는 하나님 안에 거하고
하나님도 그의 안에 거하시느니라

요한일서 4:16

많은 사람이 남에게 잘 보이려고 애를 씁니다. 사랑받기 위해 상대의 요구에 맹목적으로 맞추기도 하고, 관심받기 위해 내면과 외모를 가꾸거나 유행을 빠르게 습득하곤 합니다.

그런데 하나님 앞에서는 어떤가요? 사람의 관심과 인정과 평가가 중요한 만큼, 나를 가장 사랑하시는 하나님께도 마음을 열고 초점을 맞추고 있나요?

하나님은 나의 있는 모습 그대로를 사랑하십니다. 아낌없이, 열렬하게, 그 무엇보다도 말이지요.

주님은 우리에게 단 한 가지를 바라십니다.

그분을 '전심으로 사랑'하는 것. 광활한 하늘에 펼쳐진 구름처럼 인생을 덮고 있는 예수님의 사랑을 깊이 누리며 그 사랑에 화답하는 것, 이 한 가지를요.

미천한 우리가 주님께 드릴 것이 있음에 감사합니다. 그분의 영원히 불변하는 사랑에 적극적으로 반응하며 살아가기를 기도합니다.

생각하고 적어보기

◑ 사람의 관심과 주님의 인정 중에 어느 것을 더
   갈구하나요?

_____

◑ 어떨 때 공허함과 불만족, 깊은 외로움을 느끼나요?

_____

◑ 하나님의 사랑을 받아 누리고, 나도 그분을
   전심으로 사랑하길 기도합시다.

_____

사랑하는 내 자녀야,
사람의 일시적인 칭찬을 갈망하지 말고
나의 영원한 인정을 소망하렴

불평을 감사로
변화시켜 주세요

□

예수님,

오늘도 투덜대며
불평을 늘어놓았습니다.

제가 바라는 대로 일이 풀리지 않으면
불평이 터져 나와 입술을 지키기가 어렵네요.

간신히 참아내며 입 밖으로 내지 않더라도
마음속에는 불평불만이 가득합니다.

매 순간 주님께 감사해야 함을 알고
의식적으로 감사 제목을 찾아보지만
두 개 이상 찾기가 어려워요.

때로는 마음에 감사가 조금도 없으면서
공허하게 입술로만 내뱉기도 합니다.

사랑하는 예수님,
기도하는 이 시간부터
제 삶을 감사로 수놓을 수 있도록
도와주세요.

○

내 사랑하는 자녀야,

온 세상을 창조하고 통치하는 내가
너를 '내 사랑'이라 부르는 것만으로도
큰 감사 거리 아니니?

너를 다함없이 사랑하는 내가
네 삶의 공급자임을 믿는다면
너는 불평이 아니라 감사를 선택해야 한단다.

지속적으로 불평을 선택하는 건,
네 영혼과 삶과 환경을 지키고 인도하는
나의 주권을 인정하지 않는 죄란다.

또한 불평은 옆 사람에게 부정적 감정이
물들게 하기에 각별히 주의해야 하지.

모든 상황에서 감사를 고백하는 사람은
그 마음에 밝은 빛이 물들어 간단다.

내 사랑아,
네가 감사를 고백할 때
너를 꾀려고 다가오던 마귀가 주춤하고
하늘에서는 천상의 노래가 울려 퍼진단다.

도무지 감사를 고백하기 힘든 고난 속에서도
불평이 아닌 '믿음'으로 감사를 고백하렴.

그러면 하늘의 깊은 위로가 임할 뿐 아니라
상황을 초월하는 평안과 기쁨이 깃드는
놀라운 경험을 하게 될 거야.

어떤 상황에서도
너를 사랑하는 나의 사랑 안에 머물렴.

'그럼에도 감사',
'그리 아니하실지라도 감사'를
네 입술의 호흡으로 삼아보렴.

불평하고 싶은 마음이 들 때면 나에게 나아오렴.
염려 거리가 있다면 덮어두거나
방치하지 말고 솔직하게 말해다오.

내가 너에게 필요한 은혜를 공급해 줄 뿐 아니라
그 상황 가운데 너와 동행할 거란다.

감사를 고백하는 마음 위에
은혜의 감격과 기쁨을 더해줄 거란다.

많은 영혼이 네 입술에서 나오는
감사의 고백을 듣고
위로받고 회복되는 역사가 있도록
너를 통해 내가 일할 거란다.

감사를 선택하는 너의 모습이
나에겐 큰 기쁨이란다.

육신을 따르는 자는 육신의 일을,
영을 따르는 자는 영의 일을 생각하나니
육신의 생각은 사망이요
영의 생각은 생명과 평안이니라

로마서 8:5,6

유난히 지치는 날이 있습니다. 가도 가도 끝이 없는 황량한 사막을 걷는 듯한 날 말이지요.

그런 날이면, 메마른 입술에서 기쁨의 샘물이 아닌 날카로운 비수의 말이 쏟아져 나오곤 합니다. 그 비수는 주변을 불쾌함과 불편함으로 물들입니다.

불평불만에 마음의 자리를 내어줄수록, 하나님의 은혜가 거할 곳이 사라집니다.

불평이 삶을 지배하도록 방관하지 마세요. 생각과 입술을 지키세요. '오늘 만나는 이들에게 감사의 나눔 외에는 하지 않겠노라' 결단하세요.

육신이 연약하여 또 넘어질 수 있으나 성령께서는 우리의 연약함을 아시고 우리를 위해 친히 간구하십니다.

모든 순간에 예수님과 동행하며, 우리 입술에 감사와 찬양과 기쁨의 고백이 마르지 않기를, 인생의 조각들이 '감사'로 채워지는 은혜가 가득하기를 간절히 기도합니다.

생각하고 적어보기

◑ 최근에 가장 많이 한 불평이 무엇인가요?

_____

◑ 지속적인 불평은 죄임을 깨닫고 주님께 회개의
고백을 드리세요.

_____

◑ 감사 제목을 세 가지 적어보세요(떠오르지 않는다면,
'그럼에도 감사', '그리 아니하실지라도 감사'를 고백해 보세요).

_____

'그럼에도 감사',
'그리 아니하실지라도 감사'를
네 입술의 호흡으로 삼아보렴

실패가 두려워
나아가지 못하겠어요

□

예수님,

잘하려고 애써봤지만,
자꾸만 실패하고 좌절하고
실망하는 일들이 쌓여갈수록
의기소침해집니다.

이제는 어떤 문제와 마주하든
가장 먼저 이런 생각이 들어요.

'과연 내가 할 수 있을까?'
'또 같은 실수를 반복하면 어떡하지?'
'내가 감당할 수 있을까?'
'실패할까 봐 두려워…'

아직 일어나지도 않은 일을
이미 겪은 것처럼
실망감과 무력감에 압도됩니다.
나에 대한 불신이 현재를 덮어버립니다.

그리고 그 생각의 가지가 뻗어나가
주님의 능력까지 의심하게 만듭니다.

'예수님이 내 기도를 들어주실까?'
'주님이 이 문제를 해결해 주실 수 있을까?'
'과연 이 두려움에서 건져주실까?'

불신의 질문들이 머릿속을 어지럽힙니다.

예수님,
도와주세요. 지켜주세요.

제 삶을 집어삼킬 듯 밀려오는
두려움으로부터 저를 건져주세요.

○

내 사랑아,

두려움은 너를
앞으로 나아가지 못하게 하고
나의 능력을 의심하게 만들지.

두려움은 너를 나로부터 분리시킨단다.

현실의 가능성만으로 미래를 판단하지 말아라.
눈에 보이는 것으로, 너의 편향된 생각으로
실패할 거라고 결론짓고 미리 절망하지 말아라.

네 뜻대로, 네 능력으로 해낼 거라는
욕심과 교만함도 내려놓아라.

오직 기도와 간구로 내게 나아오렴.
나를 믿고 의지하렴.

그러면 사람도, 상황도
네게 어찌할 수 없다는 것을 알게 된단다.
너의 실패와 실수가 인생에 그다지 큰 영향을
미치지 않는다는 것도 깨닫게 되지.

내 사랑아,
실패와 실수로 너는 더욱 단단해질 거야.
내게는 그조차 합력하여
선을 이루는 능력이 있단다.

두려움에 쫓기는 삶은
언제 무너질지 모르는 모래성과 같단다.

네가 내 안에 뿌리를 내리고 자라야
시냇가에 심긴 나무가 사시사철 푸르듯
건강하고 평안한 인생을 누릴 수 있단다.

온전한 사랑만이 두려움을 내쫓을 수 있다.

나의 사랑만이
너의 인생을 뒤흔드는 두려움을
해결해 줄 수 있어.

오늘,
입을 열어 너의 구할 것을 구하렴.
공급자인 나의 능력과 손길을 경험하렴.

길이 없다면 나아갈 길을 만들어줄 것이다.

네 눈앞에 놓인
거대한 두려움의 성벽을 뛰어넘도록
내가 도와주겠다.

사랑 안에 두려움이 없고
온전한 사랑이 두려움을 내쫓나니
두려움에는 형벌이 있음이라
두려워하는 자는 사랑 안에서
온전히 이루지 못하였느니라

요한일서 4:18

아직 겪어보지 않은 일 앞에서 우리는 극심한 두려움에 휩싸이곤 합니다. '만약'이라는 생각이 꼬리를 물며 최악의 상황을 떠올리게 하고, 일상의 소중함까지 놓치게 만들지요.

그러나 일어날 수 있는 일에 대해 고민하며 대비하는 것과 일어나지도 않을 일을 붙잡고 근심하는 것은 다릅니다.

두려움은 우리를 앞으로 나아가지 못하게 만들고, 현재마저 병들게 합니다. 주님의 능력을 의심하게 할 뿐아니라 제힘으로 해결 못 할 문제를 두고 전전긍긍하며 시간을 허비하게 하지요.

말씀으로 두려움을 이겨내세요. 우리보다 앞서가시며 우리의 걸음걸음을 지키시는 하나님을 의지하세요.

그들을 무서워하지 말라 두려워하지 말라
너희보다 먼저 가시는 너희의 하나님 여호와께서
애굽에서 너희를 위하여
너희 목전에서 모든 일을 행하신 것같이
이제도 너희를 위하여 싸우실 것이며

신명기 1:29,30

◑ 현재 내 삶을 압도하는 두려움이 있나요?

_____

◑ 하나님을 의지하지 않고 두려움에 매여있던 것과
스스로 해결하려 했던 교만함을 회개합시다.

_____

◑ 하나님께 이 두려움의 문제를 내어드립시다.

_____

실패와 실수로
너는 더욱 단단해질 거야

내게는 그조차 합력하여
선을 이루는 능력이 있단다

분노가

습관이 되었어요

□

예수님,

제 안의 분노가 마르질 않아요.

저도 제 쓴 뿌리가 '분노'라는 걸 알고 있어요.
그래서 말씀으로 다스리려 노력하고 있고요.

그런데 순간순간 제 안에서
약하고 악한 쓴 뿌리가 툭 튀어나옵니다.
언제 터질지 모르는 시한폭탄처럼
작은 일에도 화를 내고 소리를 높입니다.

분노를 마음속으로 삭이기도 하지만,
분노가 마음 밖으로 끓어오르는 날에는

가깝고 소중한 사람들에게
거친 언어로 표출됩니다.
오늘 또 사랑하는 가족에게 상처를 주었어요.

예수님, 도와주세요.
제 믿음 없음을 불쌍히 여겨주세요.
분노로 나타나는
제 안의 깊은 상처를 만져주세요.

끝나지 않을 것 같은
이 분노, 상처, 후회의 굴레에서
저를 건져내 주세요.

예수님 사랑의 한 자락이라도
닮아가고 싶어, 오늘도 기도합니다.

○

내 사랑아,

나는 사람에게 감정을 선물로 주었단다.
그중 '분노'를 느끼는 것 자체는
잘못이 아니야.

144

다만 잘 다스리고, 절제하고
때에 맞게 사용할 줄 알아야 하지.

감정을 표현했을 때
선하고 기쁘게 흘러가는 것이 있고
상처로 새겨지는 것이 있는데,
분노는 너와 누군가의 마음에
생채기를 내기 쉽단다.

내가 너에게
오늘이라는 시간을 허락한 이유는
성내기 위함이 아니라
서로 '사랑'하기 위함이야.

바로 하늘 아빠와 사랑하고
네 이웃과 사랑하기 위함이지.

내 사랑아,
네 안의 무엇이 건드려졌을 때
쉽게 분노하게 되는지,
네 쓴 뿌리가 어디에 박혀 있는지를
찬찬히 살펴보렴.

그리고 내게로 와서 다 꺼내놓으렴.

더는 가족에게, 소중한 이에게
분노의 말로 상처 주지 않도록
오늘 이 말씀을 마음에 새겨
삶에서 열매 맺게 하여라.

무례히 행하지 아니하며
자기의 유익을 구하지 아니하며
성내지 아니하며
악한 것을 생각하지 아니하며
고린도전서 13:5

모든 지킬 만한 것 중에
더욱 네 마음을 지키라
생명의 근원이 이에서 남이니라
잠언 4:23

이것을 네 손가락에 매며
이것을 네 마음판에 새기라
잠언 7:3

손바닥과 이마와 손등과 마음에
이 말씀들을 새기렴.

언제 어디서나 네 상처가 건드려질 때

이 말씀이 살아 움직여
네 삶을 이끌고 보호해 줄 거란다.

오늘,
내가 네 마음을 새롭게 할 거야.
너를 도와줄 거야.

굳건한 믿음으로 나를 신뢰하렴.

유순한 대답은 분노를 쉬게 하여도
과격한 말은 노를 격동하느니라
온순한 혀는 곧 생명 나무이지만
패역한 혀는 마음을 상하게 하느니라

잠언 15:1,4

성도는 죽기까지 예수 그리스도의 성품을 닮아가야 합니다. 그래서 '인내'해야 합니다. 서로의 다름을, 상대방이 나와 생각이 다를 수 있음을 인정해야 합니다.

누군가가 까닭 없이 나를 비난하거나 모욕하거나 혹은 예수님을 믿는다는 이유로 핍박하거나 무시해도, 똑같이 대응하지 말고 인내해야 합니다.

무엇보다 인내의 또 다른 말인 '사랑'을 해야 하지요. 붙여주신 영혼을 최선을 다해 사랑하고 작은 일에도 감사하는 마음과 태도가 필요합니다.

또한 우리는 '분노'해야 합니다. 아프고 병든 자를 멸시하거나 어렵고 힘든 지체를 소외시키는 일에 분노해야 하지요.

예수님이 몸소 실천하신 '연약할수록 더욱 귀히 여기라'라는 말씀을 따라 무엇에 인내하고 분내야 하는지, 옳고 그름을 분별하는 '지혜'가 필요합니다.

물론 일상이 녹록하지는 않습니다. 마음의 온도가 시시각각 변합니다. 그러나 작은 일에 자꾸만 성을 내다 보면, 습관이 됩니다.

일상에서 수시로 터져 나오는 분노는 아직 내면의 소화되지 않은 상처와 감정의 연장선일 수 있습니다.

예수님 앞에 마음을 다 털어놓으세요. 그 전까지는 어떤 것으로부터도 자유로울 수 없습니다.

그분께 나아가 엎드리기를 주저하지 마세요. 나의 연약함을 다듬어 놀랍게 사용하실 주님을 신뢰함으로 나아가세요.

◐ 내 안의 무엇이 건드려졌을 때 쉽게 분노하게 되나요?

_____

◐ 그 문제와 관련하여 내면에 해결되지 않은 상처나
감정이 무엇인지 마음을 들여다보세요.

_____

◐ 주님께 나의 연약함을 솔직하게 털어놓고, 회복시켜
주시길 기도합시다.

_____

무엇이 건드려졌을 때
쉽게 분노하게 되는지
네 쓴 뿌리가 어디에 박혀 있는지
찬찬히 살펴보렴

그리고 내게로 와서 다 꺼내놓으렴

저는 무늬만

크리스천입니다

□

예수님,

그 누구에게도 털어놓지 못하는
고민이 있습니다.

교회 안에서 여러 사역을 맡고 있지만
사실 저는 죄인 중에 괴수입니다.

리더를 맡고 있기에 사람들은 제게
어떻게 하면 믿음이 더 깊어지고
하나님과 친밀하게 교제할 수 있는지를 물어요.

하지만 예수님은 아시지요.
저의 민낯을.

예수님 앞에 진실하지 못한 제 연약함을요.

많은 사람이 저를 통해
말씀과 기도의 자리로 나아가
예수님과 더욱 가까워지고
그분을 더 알게 되었다고 말하는데

정작 저와 예수님 사이에는
점점 벽이 생기고 있잖아요.

이걸 들키지 않으려고,
사람들 앞에서 갈수록
더 두꺼운 가면을 쓰게 됩니다.
그런데 이제는 너무 버거워 못 하겠습니다.

예수님 한 분이면 충분했던
첫사랑의 시절이 너무나 그립습니다.

예수님,
거룩하고 진실한
주님의 자녀가 되도록 도와주세요.

제 안에 좌정하사
저를 다스리고 통치하여 주세요.

○

내 사랑아,

나와의 진실한 교제 없이
너의 삶과 사역은 아무 의미가 없단다.

오늘도 나는 네 중심을 본다.

처음 내게 사랑을 고백하며
눈을 반짝이던 너의 모습이 그립구나.

그동안 네가
다른 이들의 믿음과 신앙을 세우기 위해
애써온 일들, 말씀 앞에 엎드렸던
그 시간들을 잘 알고 있단다.

그러나 분주함과 게으름으로
나와의 친밀했던 교제가
서서히 사라져 갔지.

네가 탄식했듯이
네가 말하고 가르치는 것과
너의 실제 삶에는 큰 간극이 존재하는구나.

백수님의 편지

내 사랑아,
그 간극을 줄여나가는 건
너의 숙제란다.

나는 위선과 외식,
그리고 교만을 끔찍이도 싫어한단다.

내 사랑하는 자녀들이
그 길에서 빠르게 돌이키기를
누구보다 간절히 바라고 있지.

육신을 가진 인간은 모두 연약하단다.
그렇기에 나는 '다시' 기회를 주며
내 자녀들을 기다리고 또 기다린단다.

내 사랑아,
나와의 친밀한 교제의 자리로 나아오렴.

마음이 분주할 때 더욱 말씀을 펼치고
거짓된 신앙의 자아가 고개를 들 때마다
즉시 무릎 꿇고 기도하여라.

어제 실패했어도 오늘 다시 일어서렴.

나 하나로 영육이 '충만'한 너를 통해,
말씀과 기도로 무장한 너를 통해,
내가 일하기 시작할 거야.

사랑한다.

상한 갈대를 꺾지 아니하며
꺼져가는 등불을 끄지 아니하고

이사야 42:3

사역을 감당하면서 주의하고 또 조심해야 할 부분이 있습니다. 바로 하나님의 영광을 가로채고 예수님과의 친밀한 교제를 놓치는 일입니다. 그 일은 아주 은밀하게 작은 데서부터 시작되지요.

주님의 일을 하면서 그분과 교제하지 않는다면 무슨 의미가 있을까요!

하지만 자비로우신 예수님은 우리의 죄가 주홍같이 붉을지라도, 우리가 주님이 제일 싫어하시는 위선, 외식, 교만의 죄를 저질렀더라도 '다시' 기회를 주십니다.

진실로 엎드려 회개하는 자를 긍휼히 여기시며 죄로부터 서둘러 돌이키는 자를 눈과 같이 희게 하십니다. 이로써 우리는 하나님 앞에 '다시' 나아갈 소망을 얻습니다.

삶과 사역을 건강하게 지속하는 유일한 길은 '예수님과 친밀하게 교제하는 것'입니다.

지금 죄의 자리를 털고 일어나세요. 기도의 자리로 나아가 예수님을 바라보세요. 그분이 당신을 기다리십니다.

◑ 요즘 예수님과 친밀한 교제를 누리고 있나요?

_____

◑ 내 신앙에 위선, 외식, 교만이 틈타고 있는 영역은
   없는지 돌아보세요.

_____

◑ 은밀하게 숨겨온 죄가 있다면 회개하고 돌아섭시다.

_____

마음이 분주할 때 더욱 말씀을 펼치고
거짓된 신앙의 자아가 고개를 들 때마다
즉시 무릎 꿇고 기도하여라

비교의 감옥에서

벗어나고 싶어요

□

예수님,

깊은 고민이 있습니다.
자꾸만 다른 사람의 인생과
제 인생을 '비교'하게 돼요.

친구의 외모, 성격, 지성, 가정환경
혹은 좋은 연인이나 배우자를 만나는 모습까지.
친구뿐 아니라 잘 모르는 타인과도
여러 가지를 비교하는 자신을 발견합니다.

'왜 내게는 없을까?'
'왜 나는 노력해도 계속 제자리일까?'
'왜 저 사람은 나보다 행복해 보일까?'

이런 생각이 제 영혼을 갉아먹을 때마다
비참함과 깊은 우울감에 빠지곤 합니다.

비교의식 없이 인생을 자유로이 살아가는
사람들을 보면 너무 부럽습니다.

육신의 생각은
사망이라고 말씀하셨던 예수님,
이 사망의 올무에서 벗어나길 원합니다.
도와주세요.

○

내 사랑아,

비교하는 것 자체가 육신의 생각이고
네 영혼이 죽어가는 일임을 자각하고 있구나.

비교하는 생각은
네가 얼마나 귀한 사랑으로
창조된 존재인지를 잊게 하지.

네가 가진 것들을 무가치하게 만들고

너에게 없는 것을 갈구하며
더 큰 갈증을 느끼게 한단다.

내 사랑아,
나는 너를 분명한 목적과 계획을 가지고
세상에 단 하나뿐인 걸작품으로
정성스럽게 만들었단다.

너는 사랑받기 위해 태어났어.
비교에 초점을 맞추지 말고
영원토록 변함없는 내 사랑에
시선을 고정하렴.

세상에서 아무리 성공하고 승승장구해도
사람에게는 스스로 채울 수 없는 영역이 있단다.
그것은 나만이 채워줄 수 있지.

사람은 아무리 많은 것을 가져도 결핍이 있고,
그 결핍을 나 아닌 다른 것으로
채우려 집착하면 결국 우상이 된단다.

내가 없는 인생은,
더 많은 것을 얻으려 손을 뻗어도
허공을 허우적대는 헛손질로 끝날 뿐이야.

내 사랑아,
행복은 풍요에서 오지 않아.
자족함과 감사에서 온단다.

다른 이의 인생을 부러워하고 질투하기 전에
너에게 주어진 것들을 먼저 세어보렴.
그 모든 것이 이미 주어진 축복이란다.

세상은 육신의 욕심을
다양한 것들로 채우라고 현혹하지.

그러나 분명히 말한다.

나를 사랑하렴.
네 마음을 정결하게 청소하렴.
내가 네 마음을 완전하게 채워줄 거란다.

나를 사랑하면
작은 것에서 기쁨과 감사를 누리고
행복을 맛보게 될 거란다.

너는 오직 나 하나로 충분할 테고,
나는 너의 진정한 행복이 되어줄 거야.

'비교'는 하나님의 사랑의 손길로 창조된 우리의 존재 가치를 의심하게 만듭니다.

사울은 비교를 선택하여 다윗을 시기하고 질투했습니다. 하지만 동굴로, 들로, 산으로 쫓기는 신세였던 다윗은 '하나님'을 선택했습니다. 그는 평생 하나님을 사랑했고, 주님과 친밀한 교제를 쌓아갔습니다.

하나님의 사랑에 시선을 고정하세요. 비교의식에서 빠져나오기 힘들다고 포기하지 마세요. 아무것도 없는 것 같아도 '하나님'이 계시면 더 바랄 것 없이 감사한 인생입니다.

행복은 풍요가 아닌 자족함과 감사에서 온다는 것을 기억하세요. 늘 생각과 마음을 하나님께 고정하고 그분 안에 머무세요.

당신은 사랑받기 위해, 행복하기 위해 이 땅에 보내졌습니다. 하나님의 사랑으로 돌봄 받고 있는, 그 무엇과도 견줄 수 없는 귀하고 소중한 사람입니다.

이스라엘이여 너는 행복한 사람이로다
여호와의 구원을 너같이 얻은 백성이 누구냐

신명기 33:29

생각하고 적어보기

◐ 남과 자신을 비교하는 특별한 영역이 있나요?

◐ 나를 섬세하게 빚으신 하나님 아버지의 사랑을 깊이
  묵상하세요.

◐ 내 삶에 하나님께서 이미 주신 것들을 세어봅시다.

너는 사랑받기 위해 태어났어

비교에 초점을 맞추지 말고
영원토록 변함없는 내 사랑에
시선을 고정하렴

제 기도,
듣고 계시나요?

□

예수님,

이제는 제가 기도를 하는 건지
그저 필요에 의해 읊조리는 건지
헷갈릴 정도예요.

왜 제게 이런 아픔을 주시는지
왜 제게 이런 시련을 주시는지
눈앞에 놓인 문제들 속에서
무얼 선택해야 최선일지

눈물 마를 날이 없도록 기도하는데
왜 주님은 묵묵부답이신 건지
정말 고통스럽습니다.

대체 언제까지 기도해야 하는지,
이제는 기도할 마음도
기도할 힘조차도 사그라드는 것 같아요.

주님은 선하시다고,
나를 위한 분명한 계획이 있으시다고
말씀을 통해서도
믿음의 지체들을 통해서도 듣지만
더 이상 들리질 않아요.

예수님이 제 아픔과 고통을
다 아시면서도 모르는 척,
다 보시면서도 외면하고 계신 것 같아요.

제가 처한 고난이 너무나 크게 느껴져
당신의 선하심이 보이지 않습니다.

주님,
이 고통의 불길 속에서
저를 건져내 주세요.

○

내 사랑아,

네 마음을 쏟아내 주어 고맙다.

내가 어떻게 너의 아픔을
모른 척할 수 있겠니.
부모가 어찌 자녀의 눈물을
외면할 수 있겠어.

네가 애통함으로 눈물을 쏟아내고
마음을 토해내며 기도할 때마다
나 또한 미어지는 가슴으로
너와 함께 눈물 흘리고 있단다.

네가 의식적으로 읊조리듯
기도한다고 말할 때도
기도해서 달라질 게 뭐냐고 따질 때도
내게 울고불고 도움을 요청할 때도

네가 나를 찾고 있음에,
나는 안도한단다.

한 치 앞도 보이지 않는
고통의 풍랑 속에서
기도의 자리를 지켜주어 고맙구나.

내 사랑아,
내가 너에게 보여줄
가장 아름답고 완벽하며 적절한
인생의 시기가 있단다.

당장 눈앞의 어려움과
네가 느끼는 고통을 없애줄 수도 있어.

하지만 네가
그 고통의 터널을 통과했을 때 얻어낼
영광과 기쁨이 더 값지고 소중하기에,
너의 아픔과 슬픔을 나도 함께 느끼며
이 길을 걸어가는 거란다.

네가 내게 어떤 말을 쏟아내도
나를 밀어내고 비난해도
나는 변함없이 너를 사랑한단다.

너를 미워하거나 싫증 내지 않아.
너는 내가 창조한 사랑의 결정체니까.

너를 위해, 내가 여기 있단다.

네 삶에 산산조각이 난
그 어떤 것이라도
나에게 들고 나아오기를 멈추지 말아라.

하나님은 사람이 아니시니
거짓말을 하지 않으시고
인생이 아니시니 후회가 없으시도다
어찌 그 말씀하신 바를 행하지 않으시며
하신 말씀을 실행하지 않으시랴

민수기 23:19

171

우리에 대해 다 아시는 하나님께 왜 기도해야 할까요? 하나님은 다 아신다면서 왜 우리의 간절한 기도에 응답하지 않으시는 걸까요?

살다 보면, 가슴을 치는 상황 속에서 애통하고 비통한 심정으로 기도하는데, 하나님의 침묵에 마음이 무너져 내릴 때가 있지요.

하지만 하나님의 일에는 모두 '이유'가 있습니다. 그 이유를 다 헤아리기에는 우리가 너무나 작고, 연약하고, 부족하기에 그저 그분의 깊은 뜻을 신뢰할 뿐이지요.

하나님이 침묵하신다면, 그것이 지금 나에게 가장 필요한 응답인 것입니다. 더욱이 주님께서는 우리에게 대답하실 의무가 없으십니다.

우리가 기도하는 건, 하나님의 마음을 알고 그분의 크신 뜻에 순종하며 주님과 깊고 친밀한 관계로 나아가기 위함이지, 나의 간절한 소망을 이루는 데 목적이 있지 않습니다.

예수님의 생애에서 '기도의 시간'을 빼놓을 수 없습니다. 사역 중간에 홀로 계실 곳을 찾아 기도하시던 그분의 모습을 떠올려봅니다. 감람산에 오르셔서는 땀방울이 핏방울이 되도록 기도하셨지요.

> 아버지여 만일 아버지의 뜻이거든
> 이 잔을 내게서 옮기시옵소서
> 그러나 내 원대로 마시옵고
> 아버지의 원대로 되기를 원하나이다
> 누가복음 22:42

이 고백에서, 기도는 내가 바라는 것을 하나님께서 이뤄주시기 위한 수단이 아니라 아버지의 뜻을 따르기 위한 교제의 시간임을 알게 됩니다.

내 뜻대로 되는 것 하나 없는 고된 인생길에서 기도할 수 있는 힘은, 내 피난처 되시며 내 심령 깊은 곳까지 공감하시고 나와 함께 눈물 흘려주시는 '예수님의 존재'로부터 옵니다.

아무 응답도 없는 것 같은 시간을 지나고 있다면, 기억하세요. 하나님께서는 오늘도 당신에게 가장 맞는 선택으로 일하고 계십니다.

기도의 자리를 끝까지 사수하세요.

◑ 오랜 시간 하나님의 응답이 없는 기도 제목이 있나요?

_____

◑ 응답이 없어서 기도하기를 포기해 버린 문제가
  있나요?

_____

◑ 다시금 그 문제를 주님께 아룁시다. 내 뜻이 아닌
  아버지의 뜻대로 인도해 주시길 믿음으로 기도합시다.

_____

고통의 풍랑 속에서
기도의 자리를 지켜주어 고맙구나

네 삶에 산산조각이 난
그 어떤 것이라도
내게 들고 나아오기를 멈추지 말아라

이해할 수 없는
고통 속에 있습니다

□

예수님,

왜 세상에는 아픔이 존재하나요?

육체적, 정신적 아픔으로 신음하고 있습니다.
이해할 수 없는 고통으로 눈물이 차오릅니다.

지금 제가 할 수 있는 일이라곤
부서진 마음을 부여잡고
당신 앞에 엎드리는 것뿐입니다.

생명의 주관자시며
우주 만물을 다스리시는 주님,
저를 향한 계획이 정말 있으신가요?

작은 바람에도 쉽게 꺼져버릴 것만 같은
여린 촛불처럼 삶이 위태롭게만 느껴집니다.

예수님,
저에게 주님을 신뢰할 믿음을 주세요.

그 누구보다
저의 평안을 바라시는 주님께서
지금도 선하신 계획으로
저를 인도하고 계심을
의심하지 않게 해주세요.

○

내 사랑아,

이유 모를 고통 앞에서
무너져 내리는 너의 마음,
하염없이 흐르는 너의 눈물을
내가 다 보고 있단다.

깊은 절망 속에 놓여있는 너를
나의 말씀으로 위로하고 다독이길 원한다.

이는 내 생각이 너희의 생각과 다르며
내 길은 너희의 길과 다름이니라
여호와의 말씀이니라

이사야 55:8

세상은 인간의 지식과 노력이 아닌
나의 지혜로 세워졌단다.
인간이 만든 원리로 돌아가는 듯 보여도
나의 원리로 운행하며 내가 통치하고 있지.

때로는 이해할 수 없는
고난과 시험과 아픔으로
절망하고 괴로울 수 있어.

인간의 한계와 이성으로는
나의 뜻을 다 헤아릴 수도, 알 수도 없단다.

그러나 한 가지, 네가 할 수 있는 게 있단다.
바로 나를 신뢰하는 일이야.

내 사랑아,
나는 여전히 나의 지혜로
네 삶의 모든 상황을 이끌고 있단다.
지금은 다 알 수 없겠지만, 이 일을 통해

나의 선한 뜻이 이루어질 거라고 믿으렴.

네가 나를 만날 때까지
이 땅에서 감당해야 할 일은
두려움 속에서도, 시험 속에서도,
고난 속에서도 나를 믿는 거란다.

나의 생각, 나의 방식, 나의 때를 믿으며
나와 친밀하게 동행하는 거란다.

내 사랑아,
네가 넘어지면 내가 일으켜 주겠다.
지쳐서 더는 한 걸음도 뗄 수 없을 때
내가 너를 업고 가겠다.

오늘의 걸음도, 앞으로의 여정도
내가 영원히 너와 함께할 거야.

여호와의 말씀이니라
너희를 향한 나의 생각을 내가 아나니
평안이요 재앙이 아니니라
너희에게 미래와 희망을 주는 것이니라
예레미야 29:11

예수님의 사랑하는 자녀에게도 얼마든지 어려운 일이 일어날 수 있습니다. 나사로와 마리아, 마르다의 가정 또한 예수님이 아끼셨으나 깊은 슬픔이 들이닥쳤지요.

주님은 왜 당신의 사랑하는 자녀에게 고통스러운 일을 허락하실까요?

시간이 흘러 그 고난이 '하나님을 깊이 만나는 좋은 때였구나, 그 속에 하나님의 선한 뜻이 있었구나' 하고 풀어지기도 하지만, 인간의 머리로는 그 의미를 다 헤아릴 수 없습니다.

예수님은 나사로의 병이 죽음을 향해 가는 것이 아니라 결국 하나님의 영광을 드러내는 통로임을 말씀하셨지요(요 11:4).

인생이 바라는 대로 흘러가지 않고, 계획한 대로 이루어지지 않는다고 해서 하나님의 존재와 선하심을 부정해서는 안 됩니다. 듣고 싶은 말, 원하는 결과만이 옳다고 그분께 주장하지 마세요.

하나님의 선하심은 영원히 불변합니다. 그분은 우리에게 가장 좋은 것을 주길 원하십니다.

그러나 내가 원하는 방식으로만 일하시지는 않습니다. 인간의 생각과는 다른 방식으로 일하시지요.

오직 하나님을 신뢰하세요. 하나님의 생각, 하나님의 방법, 하나님의 때를 믿으며 그분과 친밀히 동행하세요. 그리고 기도하세요.

"사랑하는 주님, 이해할 수 없는 고난 속에서도 제가 하나님의 일하심을 기대하며 믿음으로 인내하게 하소서! 언제나 하나님을 신뢰하게 하소서!"

오늘도 사랑받는 자녀인 우리는 하나님을 의뢰하는 법을 배웁니다. 떨리는 손으로 그분을 붙들 때, 따뜻하게 단단히 붙들어 주시는 하나님의 은혜를 경험합니다.

> 다시는 네 해가 지지 아니하며
> 네 달이 물러가지 아니할 것은
> 여호와가 네 영원한 빛이 되고
> 네 슬픔의 날이 끝날 것임이라
> 이사야 60:20

생각하고 적어보기

◑ 이해할 수 없는 고통의 시간을 지나고 있나요?

_____

◑ 고난 중에도 하나님께서 나를 선하게 인도하고
계심을 믿나요?

_____

◑ 하나님께 마음을 쏟아내고, 믿음을 구하는 기도를
올려드리세요.

_____

네가 이 땅에서
감당해야 할 일은

두려움 속에서도,
시험 속에서도,
고난 속에서도
나를 믿는 거란다

3부

믿음이 자라나는,

은혜

주님을 사랑한다고
처음 고백했던 때를 기억해 봅니다

다시 그리스도께,
다시 복음 앞에 나아갑니다

제 인생의 주인이

정말 예수님이신가요?

□

예수님,

세상은 끊임없이 말합니다.

인생의 주인은 '나'라고.
내가 주인이고, 내가 책임지면 된다고.

그러니 삶의 결정도
내 뜻, 내 기준대로 내리라고.
내가 중요하니
내 생각과 감정에 따라 움직이라고요.

하지만 저는 예수님을 믿기에
진리를 알고 싶습니다.

○

내 사랑아,

네가 지금 '무엇'을 하고 있는지
어떠한 '성과'를 내고 있는지보다
더 중요한 것은
'누가 너의 주인인지를 아는 것'이란다.

네 인생의 주인은 나야.
네게 맡겨진 것의 주인도 바로 나란다.
너의 소유가 아니고 내가 주인이지.

네 삶을 스스로
통치하고 다스리려는 시도는
나의 통치와 주인 됨을
인정하지 않는 '죄'란다.

나를 따르는 일에 학벌, 경력,
성공하고자 하는 욕망 따위는 필요 없단다.
오직 '자기 부인'이 필요하지.

내 사랑아,
나는 네가 이렇게 고백하기를 기뻐한단다.

"주님이 나의 왕이십니다.
내 인생의 주인이십니다.
그리고 나는 주님의 종입니다.

자꾸만 왕의 자리에 앉으려 하고
스스로 주인 되려는 죄 된 습관을
용서해 주세요. 끊어주세요."

오늘,
겸손히 고백하는 너의 기도를 듣고
너의 삶을 세밀히 인도할 뿐 아니라
내가 기뻐하는 뜻을 밝히 보여줄 것이다.

여호와를 경외하며
그의 길을 걷는 자마다 복이 있도다

시편 128:1

예수님의 편지

190

하나님께서 에덴동산을 만드시고, 아담에게 "선악을 알게 하는 나무의 열매를 따 먹지 마라" 말씀하셨습니다. 그리고 그 나무를 동산 중앙에 두셔서 어디서든 잘 보이게 하셨지요.

이는 창조주 하나님의 '주인' 되심을 피조물에게 알려 주시기 위함이었습니다. 그것을 볼 때마다 '아, 하나님께서 만드셨지. 자유를 주셨지만 내가 주인이 아니라 하나님이 주인이시지' 하고 생각하게 하시려고 말입니다.

그러나 아담은 선악과를 먹음으로 죄를 범했습니다. 그것은 스스로 하나님처럼 되고자 하는 죄, 하나님의 주인 되심과 통치를 인정하지 않는 죄였습니다.

안타깝게도, 첫 사람 아담의 원죄로 인한 죄의 습성이 우리에게도 있습니다. 우리는 예수님을 따르던 제자들처럼 서로 높은 자리에 앉고자 합니다. 자꾸만 스스로 주인이 되려 합니다. 세상은 그것을 부추깁니다.

그러나 내가 인생의 주인이 되면 많은 문제가 발생합니다. 잘될 때는 자만과 교만에 빠지고, 안 풀릴 때는 자책하고 원망하며 좌절합니다. 평안도, 감사도 없습니다.

그뿐 아니라 소유의 문제도 발생합니다. 하나님께서 맡기신 것을 내 소유로 여겨서 제멋대로 사용합니다. 더 나아가 사랑하는 가족도 통치하려 듭니다.

그러나 기억하세요. 모든 것의 주인은 하나님이십니다. 하나님께서 당신을 만드셨고, 당신의 주인은 하나님이십니다.

스스로 주인 되어 통치하려는 죄 된 본성을 늘 경계하세요. 자신에게 주권과 통치권을 두지 말고, 오직 하나님께 겸손히 맡겨드리세요.

"허락하신 가정, 일터, 교회 모든 영역에서 주님의 주인 되심을 고백하오니 주님, 다스리시고 통치해 주세요."

생각하고 적어보기

◑ 내 삶의 주인은 주님이신가요, 나인가요?

_____

◑ 유독 내 뜻대로 행동하는 영역이 있나요? 주님께
   내어드립시다.

_____

◑ 주님이 나의 왕이심을 고백하며, 삶의 전 영역을
   통치해 주시길 기도합시다.

_____

네 삶을 스스로 통치하고
다스리려는 시도는
나의 통치와 주인 됨을
인정하지 않는 '죄'란다

청년의 때,
어떻게 기도해야 하나요?

□

예수님,

금보다도 귀한 청년의 때에
사랑하는 당신께
무엇을 드릴 수 있을까요?

열정과 비전과 사명을
주님의 뜻 안에서
펼쳐나가고 싶습니다.

청년의 정욕을 피하고
깨끗한 마음으로 주의 말씀을 지키며
즐거이 헌신하는 삶을 살아가고 싶어요.

지금까지 제 삶 구석구석을
돌보시고 이끄셨던 예수님이
앞으로의 여정도 신실하게
인도하실 것을 신뢰합니다.

수많은 유혹이 진 칠지라도
오직 주님의 말씀을
지표로 삼아 따라가겠습니다.

아버지의 마음을 흡족하게 해드리며
아버지의 성품을 닮아가게 해주세요.

제 입술에, 제 삶에
주님이 기뻐하시는 기도를 담아주세요.

○

내 사랑아,

청년의 때에 창조주 하나님을 기억하렴.
그리고 이렇게 기도하렴.

"나의 주님, 나의 아버지, 사랑합니다.

어디에 있든, 어느 때를 살든지
제 뜻과 감정을 따르지 않고
하나님의 뜻을 구하게 하소서.

하나님을 사랑하는 기쁨을
그 무엇에도 빼앗기지 않게 하소서.
세상의 즐거움보다
하나님나라 확장의 행복을 누리게 하소서.

하나님을 사랑하는 지체들과 함께
의와 믿음과 사랑과 화평을 따르게 하소서.

제 삶을 주님이 쓰시기에
가장 좋은 모양으로 다듬어
당신의 도구로 사용하소서.

말씀과 기도의 사람이 되게 하셔서
위기의 순간마다
하나님의 말씀을 읊조리며
제 마음을 지키게 하소서.

교만하여 패망하는 자가 아니라
겸손의 자리를 지키며
끝까지 주를 따르게 하소서.

주님이 기뻐하시는, 주님이 주인 되시는
거룩한 주의 가정을 꿈꾸게 하소서.

제게 허락하신 믿음의 공동체와
소중한 영혼들을 더욱 사랑하게 하소서.
날마다 사랑을 배워가게 하소서."

청년의 때에 이 기도를
네 입술에 담고 삶으로 고백하렴.

믿음 안에서 단단하고 성숙한
나의 자녀로 자라가렴.

사랑한다, 내 자녀야.

너는 청년의 때에 너의 창조주를 기억하라
곧 곤고한 날이 이르기 전에,
나는 아무 낙이 없다고 할 해들이 가깝기 전에
전도서 12:1

주님께는 부족한 것이 없습니다. 그런 주님께서 미약한 우리의 사랑을 기대하며 기다리십니다.

죄 된 육신을 가진 우리가 거룩하고 크신 하나님께 드릴 것은 하나도 없지만, 그럼에도 우리의 인생을 올려드리겠다고 고백하는 기도를 주님께서는 기쁘게 받으십니다.

생의 가장 젊은 날인 오늘 그리고 지금, 하나님의 자녀로 살아가겠다고 결단하세요. 더불어 말씀으로 하루를 시작하고, 말씀을 기준으로 분별하고, 기도로써 악한 생각들을 끊어내며, 정결함과 거룩의 자리를 지켜내기 위해 노력하세요.

세상은 젊음의 시간을 허비하게 합니다. 거룩의 자리 지키는 것을 어리석다고 말하며, 하나님을 떠나 '자유롭게' 살라고 부추깁니다. 하지만 허송한 세월을 결코 책임져 주진 않지요.

하나님께 쏟아붓는 시간을 아까워하지 마세요. 모두에게 똑같이 허락된 '청년의 시절'에 창조주 하나님을 깊이 생각하세요. 그분을 닮아가기 위해 애쓰세요.

생각하고 적어보기

◐ 하나님께 드리는 시간을 아깝게 여길 때가 있나요?

_____

◐ 내가 지켜야 할 정결과 거룩의 자리는 어디인가요?

_____

◐ 세상의 즐거움을 좇는 삶이 아닌 하나님께 쓰임
  받는 인생이 되기를 기도합시다.

_____

제 삶을
주님이 쓰시기에
가장 좋은 모양으로 다듬어

당신의 도구로 사용하소서

말씀이

어렵게만 느껴져요

□

예수님,

성경 안에는
믿음의 삶을 살아낼 능력과
저를 향한 하나님의 뜻이 담겨 있기에
그 은혜를 사모하며 날마다 묵상하고 있습니다.

그런데 종종 말씀이 너무 어렵게 느껴져요.

성경을 덮고 나면, 읽은 말씀이 기억나질 않고
일상에 잘 적용되지 않습니다.

이해되지 않는 성경 말씀을 읽고 또 읽느라
시간을 허비하는 것처럼 느낄 때도 있어요.

또 성경을 읽다 보면
주님이 주님의 백성들을 흩으시고 벌하시고
전쟁과 죽음까지 허락하시는 모습을
계속 마주합니다.

'주님은 분명 사랑의 하나님이신데…'
마음이 혼란스럽기까지 합니다.

하나님의 말씀을
더 잘 이해하고 배우고
그 사랑을 깊이 누리고 싶습니다.

그래서 오늘도 성경을 펼치고
말씀을 읽어 내려가며
주님께 기도로 나아갑니다.

○

내 사랑아,

성경은 너를 향한 하늘 아버지의 편지란다.
네 영혼이 하늘 아버지에 대해 깊이 알 수 있는
가장 좋은 수단이자 '선물'이지.

오늘 너의 기도처럼,
사모하는 마음으로 성경을 펼쳤지만
때로는 말씀이 어렵고 두렵게 느껴질 수 있어.

성경은 아주 오랜 시간 동안
성령의 감동으로 쓰인
거룩하고 방대한 책이기 때문에
온전히 이해하려면
더욱 부지런히 공부하고
성령의 인도를 받아야 한단다.

성경 말씀은 너를 두렵게 하거나
낙심에 빠지게 하려고 쓰인 게 아니란다.

나의 자녀를 향한
나의 무한하고도 영원한 사랑을
알려주고 깨닫게 하려고 기록되었지.

내 사랑아,
말씀을 붙드는 일상을 놓지 말아라.

단비가 땅에 스며들어 깊숙한 곳까지 적시듯이
말씀을 읽고 배우는 시간이 쌓여갈수록
너의 삶도 나의 사랑으로 서서히 변화될 거야.

혼자서 성경 말씀을 대할 때
여러 어려움과 오해가 생길 수 있으니
겸손한 마음으로 계속해서
나에게 지혜와 인도함을 구하렴.

그리고 믿을 만한 사역자, 선생님, 동역자에게
도움을 구해서 성경을 부지런히 배우렴.

나는 말씀을 통해
너에게 드러나기를 원한단다.

나의 성품과 뜻을 밝히 알려주고
네가 진리 안에서 자유하도록 도우며
인류를 구원하기 위해
오래전부터 준비했던 나의 '사랑'을
네가 깨달아 알도록 동행할 거야.

오직 말씀만이
네 삶에 빛과 등불이 되어줄 거란다.

주께서 율례를 내게 가르치시므로
내 입술이 주를 찬양하리이다
시편 119:171

성경을 읽지 않은 채 하나님을 사랑할 수 없습니다. 말씀을 알지 못한 채 하나님의 사랑을 누릴 수 없습니다.

하나님을 사랑하는 자는 성경을 더욱 사모합니다. 달기도 하고, 쓰기도 한 주님의 말씀을 통해 하나님의 뜻이 무엇인지, 오늘 어떻게 살아가야 할지를 배웁니다.

또한 성경이 어떻게 내 손에 들리게 되었는지를 아는 사람은 말씀을 소중히 여기며 가까이하지요.

기도만 하는 사람은 헛된 것을 믿고 의지할 수 있습니다. 말씀만 읽는 사람은 자기 지식과 꾀에 빠지기 쉽습니다. 말씀과 기도가 늘 균형을 이루어 하나님 앞에 드려지는 삶이야말로 하나님께서 바라시는 모습입니다.

말씀의 뿌리가 탄탄해야 삶을 더 밀도 있게 되짚어보고 잘못된 길에 쉽게 들어서지 않으며, 죄악의 길에서 즉시 돌이킬 수 있습니다. 그러니 말씀을 가까이하세요. 사랑하는 아버지 음성에 더욱 귀 기울이세요.

하나님의 말씀은 역사 속 잠든 이야기가 아닙니다. 지금 이 순간에도 주님의 말씀은 살아 역사합니다!

생각하고 적어보기

◗ 하나님의 말씀을 가까이하나요? 말씀 생활을
돌아보세요.

_____

◗ 성경 속 '하나님의 말씀'에 관한 구절을 찾아
적어봅시다. (마 4:4, 엡 6:17, 딤전 4:5, 히 4:12, 벧전 1:23, 요일 2:5 …)

_____

◗ 나만의 성경 읽기 목표를 세워봅시다. (자기 전에 1장 읽기,
출근길에 미디어 보는 대신 말씀 2장 읽기, 주 3회 이상 큐티 묵상하기 등)

_____

오직 말씀만이

네 삶에

빛과 등불이 되어줄 거란다

복음 전할 달란트를
발견하게 해주세요

□

사랑하는 예수님,

새날을 허락해 주서서 감사합니다.

주님의 사랑이 제게는 감격이고
삶을 살아가게 하는 원동력입니다.

이 풍성하고 다함없는 예수님의 사랑을
아직 주님을 알지 못하는 이들에게 전하고 싶은데
저는 특별히 잘하는 게 없어요.

"도태되면 안 돼! 끊임없이 스펙을 쌓아야 해!"
"남들보다 뛰어난 무언가가 있어야 해!"
"차별화된 너만의 재능을 보여줘!"

세상에서 들려오는 무수한 메시지 속에서
저는 아무 달란트도 없는 것 같아
위축되고 작아집니다.

그럼에도 이 기쁜 소식을 전하고 싶어요.

어떻게, 무엇으로
하나님의 복음을 전할 수 있을까요?

○

내 사랑아,

네 기도가 얼마나 사랑스러운지
나 또한 벅찬 기쁨을 느낀단다.

포도나무의 가지가 나무에 붙어 있어야
살 수 있고 열매 맺을 수 있듯이
네가 내 안에 꼭 붙어서
건강하게 살아가는 모습이 참 좋구나.

거저 받은 그 사랑을
어떻게든 전하고 싶어 하는

너의 간절한 마음이 아주 귀하다.

세상에는 저 땅끝까지
복음을 들어야 하는 자들이 넘쳐나지만
복음을 외치는 자의 소리는 점점 줄어들고 있지.

내 사랑아,
복음을 전하는 일에 꼭 필요한 것은
특출난 달란트가 아니라
영혼을 향한 '사랑'이란다.

복음을 모른 채 살아가는 영혼들을 향한
긍휼한 마음과 뜨거운 사랑이 가장 필요하지.

나는 각자에게 꼭 맞는 달란트를 주었단다.

사람을 다 다르게 창조했듯이
그들이 가진 달란트도 셀 수 없을 정도로 다양하지.
그러니 각자가 하늘 아버지의 영광을 위해
할 수 있는 일이 분명히 있단다.

아직은 네 눈에 달란트가 보이지 않더라도,
영혼이 가난한 자에게 긍휼한 마음을 품고
복음 전하는 일을 시작해 보렴.

소중한 친구, 일터의 동료, 사랑하는 가족에게.

더 나아가
세상에서 외면당하고 소외된 사람들에게
가정에서 거절당하고 상처받은 사람들에게

가장 가까운 주변에서부터
나의 사랑을 전하고 외치렴.

네가 복음을 전하는 그곳에서
내가 일할 거란다.

아무리 척박한 불모지일지라도
그곳에 복음 심는 일을 멈추지 않는다면
반드시 싹이 나고 꽃이 필 거야.

너를 통해 내가 영광을 받고
너를 통해 메마른 땅에
생기가 솟아날 거란다.

그러므로 사랑을 받는 자녀같이
너희는 하나님을 본받는 자가 되고
에베소서 5:1

예수님은 세상 그 어느 권세자보다 뛰어난 힘을 가지고 계셨습니다.

하지만 늘 가장 낮은 자리에서 몸과 마음이 상한 자를 고치시려 밤낮없이 사역하셨고, 손가락질을 받으면서도 끝까지 하나님의 뜻을 따라 살아가셨습니다.

하나님이신 예수님이 가장 낮은 자리에 오셔서 천대받고 멸시받는 십자가의 형벌을 짊어지신 건, 나를 위해서 그리고 우리를 위해서입니다.

죄로부터 우리를 건져내 구원하여 주시고 하나님의 자녀로 삼아주신 이 기쁜 소식을 내 작은 입술로, 우리의 작은 삶으로 전하길 기도합니다.

특출난 달란트가 없어도, 살아 숨 쉬는 모든 순간이 복음을 전할 '기회'입니다. 나는 작지만, 나를 향한 그리스도의 사랑이 세상 그 무엇보다 크기에 크신 하나님의 사랑을 노래하고 자랑하길 원합니다.

"부족한 나를 하나님나라 선교에 동참시켜 주시니 정말 감사합니다" 고백하며, 먼저는 가까운 이들에게 그분의 사랑을 들려주세요.

더 나아가 어려운 이들의 외침을 외면하지 말고 찾아가서 주의 사랑을 나누세요.

그리고 하나님이 기뻐하시는 '선교'에 기회가 닿는 대로 최선을 다해 참여하며 선교사님들을 위해 기도하고 그들과 동역하세요.

우리 한 사람, 한 사람이 예수님의 사랑을 전하는 통로가 되기를 소원합니다.

생각하고 적어보기

◑ 나에게 복음이란 무엇인가요?

_____

◑ 내 주변에 복음을 전해야 할 영혼은 누구인가요?

_____

◑ 복음을 전하기 위해 하나님이 주신 달란트를 어떻게
활용하면 좋을지 생각해 봅시다.

_____

복음을 전하는 일에
꼭 필요한 것은

특출난 달란트가 아니라
영혼을 향한 '사랑'이란다

예수님과 동행함이

너무 기뻐요

□

예수님,

사랑합니다.
예수님과 친밀하게 동행함이
말로 다 표현할 수 없을 만큼 감사해요.

실의에 빠지고 낙담하는 순간에도
당장 달려갈 수 있는
예수님이 계셔서 참 다행입니다.

나를 편견 없이 바라보시고
정죄하거나 판단하지 않으시고
친밀한 사랑의 교제로 이끄시는 예수님,
제 삶이 예수님 안에서 안식을 누립니다.

예수님으로 인해,
두려움으로 차갑게 식었던 가슴에
'생명의 온기'가 가득 찹니다.

그 누구도, 그 무엇도
나를 향한 예수님의 사랑을
끊을 수 없을 것입니다.

온몸을 바쳐 나를 사랑하신 예수님처럼
저도 이웃을 사랑하고
그들을 위해 날마다 기도할게요.

예수님 안에서 누리는 이 기쁨과 감격을
더 많은 이들이 알 수 있도록
예수님의 시선이 머무는 곳,
예수님의 마음이 향하는 곳을 향해 나아갈게요.

○

내 사랑아,

너의 고백이
내 마음을 기쁘게 하는구나.

나 또한 너와의 동행이 참 기쁘단다.

네가 나를 '사랑하는 주님'이라 부르고
나는 너를 '내 사랑'이라 부르며
친밀한 교제 속에 인격적인 관계를
맺어감이 얼마나 즐거운지!

네가 어디에 있든지,
어딜 가든지, 무얼 하든지
매 순간 너와 동행하길 원한단다.

내 임재 안에는 세상이 줄 수 없는
충만한 기쁨과 영원한 즐거움이 있으니
이를 더욱 갈망하렴.

내 사랑아,
오늘도 기쁨 가득한 이 길을
나와 함께 걸어가자.

분명한 목적지인 저 천국을 향하여
생명의 길을 걸어가자꾸나.

그 길 위에서 네가 만나는 이들에게
생명의 복음, 기쁨의 소식을 전해다오.

내가 앞장서서
사랑으로 너를 인도할 거란다.

여호와께 구속받은 자들이 돌아와
노래하며 시온으로 돌아오니
영원한 기쁨이 그들의 머리 위에 있고
즐거움과 기쁨을 얻으리니
슬픔과 탄식이 달아나리이다

이사야 51:11

요나님의 편지

언젠가부터 '동로자'라는 말을 참 좋아하게 되었습니다. '같은 길을 걸어가는 사람', '믿음의 여정을 끝까지 함께할 사람'이라는 뜻이지요. 같은 방향으로 함께 걸어가는 이가 있다는 것만으로도 위로와 힘이 됩니다.

성도는 하나님나라를 향한 생명길을 혼자가 아니라 '함께' 걸어갑니다. 그 길에 예수님이 함께하시기에 더욱 기쁨이 가득하지요.

비행기는 때로 갑작스런 난기류를 만나거나 여러 요인으로 정해진 항로를 잠시 이탈하기도 합니다. 하지만 분명한 목적지가 있기에, 끝내 안전하게 비행하여 착륙할 수 있지요.

우리 인생길에도 '아픔'과 '고난'이라는 장애물이 나타날 수 있습니다. 그래서 잠시 방황할 수 있습니다. 그러나 저 천국을 향하여 목적지가 분명한 사람은 예수님과 동행하는 길로 결국 돌아오게 됩니다.

창세 전부터 하나님께서는 그 기쁨의 길에 우리 모두를 초청하셨습니다. 오늘도 기쁨으로 예수님과 함께 걷고 싶습니다.

◗ 힘들고 지칠 때 누구에게 달려가나요?

◗ 요즘 예수님과 동행하는 기쁨을 누리고 있나요?

◗ 잠시 주님을 떠나 있는 사람은 주님께 돌아가길
  결단합시다. 주님과 친밀한 사람은 그 기쁨을
  주변에 전합시다.

내 사랑아,
분명한 목적지인 저 천국을 향하여
생명의 길을 걸어가자꾸나

복음 전하는 것이
힘겨울 때가 있어요

□

사랑하는 예수님,

당신의 사랑과 겸손의 섬김이
제게 '생명'이 되었음을 고백합니다.

죄 가운데 있던 저를 자녀 삼아주셔서
주님 곁에서 살아갈 '은혜'를
허락해 주심에 정말 감사해요.

예수님에게 거저 받은 사랑이 너무 크고
전하지 않고는 견딜 수가 없어서
복음을 전하는 자리에
기쁜 마음으로 섰습니다.

하지만 예수님,
요즘 부쩍 제 마음에
두려움이 엄습합니다.

그저 예수님을 너무도 사랑해서
그 기쁨 하나로 시작했는데…
누군가의 인정을 받으려는 것도 아닌데…

용기 내어 복음을 전할 때
사람들의 무관심과 비웃음이
제 마음을 멍들게 합니다.

제 속의 넘치는 기쁨을
자꾸만 빼앗아 갑니다.

눈에 보이는 열매가 없어도
좌절하거나 멈추지 않고,
하나님이 기뻐하시는 복음 전하는 일을
흔들림 없이 이어가고 싶어요.

넉넉히 감당할 담대함과
굳센 믿음을 허락해 주세요.

○

내 사랑아,

나는 안단다.
네가 지켜내는 눈물의 자리를,
힘겹지만 인내했던 사랑의 순간들을.

복음을 전하다가 겪는
사람들의 무관심, 핍박과 오해를
나도 네 곁에서 함께 견디고 있단다.

그럼에도 네가 끝까지 포기하지 않기를
응원하며 기도하고 있지.

복음의 가치를 아는 사람은
세상 가치에 휘둘리지 않게 된단다.
내 사랑을 깊이 누리는 사람은
사람의 인정과 사랑에 매달리지 않게 되지.

내 사랑아,
세상에 복음을 전하는 일보다
가치 있는 일은 없어.
네가 전하는 복음을 통해

한 영혼이 아버지께로 돌아와 생명을 얻고
하나님나라를 바라며 꿈꾸는 모습을 볼 때
말할 수 없이 기쁘고 감격스럽단다.

훗날 너도 나와 함께
슬픔도 고통도 없는 이 나라에서
그 기쁨을 누리게 될 거야.

내 사랑아,
한 영혼을 향한 너의 마음,
너의 수고와 헌신을 내가 다 안단다.

비록 험난한 여정이지만
이 좁은 길을 끝까지 완주해다오.

나의 음성이 한 영혼에게라도 더 가서 닿도록
너의 입술을 열어 복음을 전해다오.
복음 전하는 일을 멈추지 말아다오.

또 너희가 내 이름으로 말미암아
모든 사람에게 미움을 받을 것이나
끝까지 견디는 자는 구원을 받으리라

마가복음 13:13

하나님은 알고 계셨습니다. 이 땅 가운데 아들 예수님을 보내시면 결국 아들의 생명으로 인류의 죗값을 치러야 함을.

내 자식이 죽을 걸 알면서 내어줄 사람이 어디 있을까요. 하지만 이 땅에 이미 죄악이 만연해 있고, 그 뿌리를 뽑아낼 수 있는 건 '희생이 담긴 사랑'뿐임을 하나님은 아셨습니다.

버려지도록 내버려 두실 수도 있었습니다. 그러나 길가에 핀 들풀도 입히시고 공중의 새도 먹이시는 인자하신 하나님께서 인간에게 자비로운 사랑을 베푸셨습니다. 그 사랑과 희생과 헌신이 지금, 우리를 살아가게 합니다.

이 시대는 극심한 이기주의와 분열 속에 병들어 가고 있습니다. 이제는 '하나님', '복음'이라는 단어조차 꺼내기 힘든 시대가 되었지요.

하지만 그 무엇이 우리의 눈과 귀를 막고 손과 발을 억압한다 해도, 복음의 진리를 아는 우리는 전해야 할 사명이 있습니다.

죽으실 걸 알면서도 하나님과 인간 사이 '생명의 다리'가 되려고 이 땅에 친히 오셨던 예수님을 기억하세요.

복음을 전하다가 마음이 아프고, 어려움을 맞닥뜨리는 순간에도 담대하세요. 예수님이 죽음을 이기셨습니다.

부활하신 예수님이 그 경이로운 사랑과 은혜로 우리의 지친 영혼을 먹이고 회복시키시며, 복음을 향해 나아갈 힘을 더하여 주실 것입니다.

◑ 복음을 전하며 혹은 신앙생활을 하며 지친 마음이
있다면 주님께 고백하세요.

_____

◑ 나를 구원하신 하나님의 사랑과 예수님의 희생을
묵상합시다.

_____

◑ 복음은 생명입니다. 복음 전하는 특권을 주신 주님께
감사의 고백을 올려드립시다.

_____

내 사랑아,
한 영혼을 향한 너의 마음
너의 수고와 헌신을 내가 다 안단다

형식적인 예배에서
돌이키고 싶어요

□

예수님,

제 안에 얼어붙은 마음을 녹여주세요.

주님의 은혜와 사랑을 생각하면
감사의 눈물이 차올랐던 시절이
언제였는지 기억조차 나지 않습니다.

주일이면 습관처럼
시간에 맞춰 교회에 다녀옵니다.

주님의 말씀을 뜨겁게 사모하며
예배 자리로 나아갔던 제 모습이,
이제는 예배드릴 때 마음은 다른 곳에 가 있고

시계를 보며 언제쯤 끝나는지를
기다리는 모습으로 변했습니다.

겉만 번지르르한 신앙생활로
자신의 이익만을 탐하며 살았던
서기관과 바리새인에게 '회칠한 무덤'이라고
책망하셨던 예수님의 말씀이
제 삶을 흔들어 깨우기를 소망합니다.

돌같이 굳어버린 마음을 부숴주세요.

전심으로 최선의 예배를
드릴 수 있게 도와주세요.

○

내 사랑아,

익숙함에 물들면
가장 소중하고도 특별한 것을
놓치기 쉽단다.

더는 너의 예배가 늘 해오던 의례처럼

익숙함에 젖어 나아오는
형식적인 예배가 되지 않기를 바란다.

예배의 자리는,
예배를 드리지 않고는 견딜 수 없는
소망함과 기쁨으로 나아와야 한단다.

나는 네가 신령과 진정과
전심으로 드리는 '마음의 예배'를 통해
너와 깊이 교제하고 싶단다.
이를 통해 영광 받기를 원한단다.

나의 사랑아,
너의 메마른 예배가 회복되기 위해서는
먼저 '삶의 예배'가 회복되어야 해.

주일에 정해진 시간과 장소에서만
예배드리는 것이 아니라
너의 삶의 자리, 매일의 일상이
나와 친밀히 교제하는 '예배'가 되어야 한단다.

가정, 학교, 일터에서 맡겨진 일을 할 때,
누군가를 만날 때, 혼자 있을 때,
너와 동행하고 있는 나를 깊이 생각하렴.

매 순간 온 맘 다해 나를 찬양하고 예배하렴.

내 사랑아,
하루에 단 얼마라도 시간을 소중히 떼어서
생명의 말씀을 먹고, 기도 자리에서
나와 친밀히 교제하자꾸나.

멀어졌던 나와의 관계가 회복되면,
성도들과 함께 모여 드리는 예배도
일상에서 홀로 드리는 예배도
자유와 기쁨과 감사가 '충만'할 거야.

아버지께 참되게 예배하는 자들은
영과 진리로 예배할 때가 오나니
곧 이때라 아버지께서는 자기에게
이렇게 예배하는 자들을 찾으시느니라

요한복음 4:23

말씀을 읽지만 내 감정과 자의로 해석하고, 찬양을 불러도 기분에 따라 기뻤다가 별 감흥이 없다가를 반복한다면, 그 예배의 주인은 '하나님'이 아닌 '나'임을 기억해야 합니다.

하나님을 사랑하는 마음이 차갑게 식으면 신앙생활을 의무감으로 하기 시작하지요. 기도와 말씀 생활이 게을러지고 예배와 봉사가 버거워집니다. 점점 형식만 남습니다.

예수님의 자녀라면 주일에 교회 안에서만 예배해서는 안 됩니다. 월, 화, 수, 목, 금, 토. 평일의 삶도 '예배'가 되어야 합니다.

날마다 뜨겁게 불타는 마음으로 하나님께 예배드릴 수 있다면 얼마나 좋을까요. 그러나 삶의 예배는 저절로 되지 않습니다. 훈련을 통해 만들어집니다.

매일 한 절이라도 성경 읽기, 단 오 분이라도 기도하기, 매일 잠시라도 하나님을 의식하며 살기, 매일 한 번이라도 예수님의 사랑을 전하기.

이렇게 매 순간 하나님께 시선을 고정하며 일상에서 훈련할 때, 우리는 복음의 증인으로 살아갈 수 있습니다.

주님을 사랑한다고 처음 고백했던 때를 기억해 봅니다. 아무런 가망도, 쓸모도 없는 나를 택하고 구원해 주신 그 은혜를 찬양합니다.

다시 그리스도께, 다시 복음 앞에 나아갑니다.

◐ 나의 예배를 돌아봅시다. 전심으로 하나님을
예배하고 있나요?

_____

◐ 일상에서 나는 하나님을 얼마나 의식하고, 그분과
동행하나요?

_____

◐ 삶의 예배를 세우기 위해 어떤 노력을 하면 좋을까요?

_____

하루에 단 얼마라도
시간을 소중히 떼어서

생명의 말씀을 먹고
기도 자리에서
나와 친밀히 교제하자꾸나

공동체에
주님의 사랑이 필요해요

□

사랑하는 예수님,

일상에서 삶의 예배를 드리고
주님께서 허락하신 공동체로 발걸음을 옮깁니다.

주님은 교회에서 함께 주님을 예배하고
주의 사랑 안에서 성도 간 교제를 나누도록
형제자매를 허락하셨습니다.

하지만 주님의 사랑이
흘러넘쳐야 할 이 공동체 안에서
서로 사랑하지 못할 때가 너무나 많습니다.

예수님의 사랑을 옷 입고

그 사랑에 감격하여 모인 자리에
육신의 생각과 고집이 드러나곤 합니다.

오해가 오해를 낳고
의견을 나누다가 다툼이 생깁니다.
하나 되려 애쓸수록 분열이 일어나기도 합니다.

더 우위에 있으려 하고, 더 드러나고 싶어 하는
인간의 욕심은 끝이 없습니다.
그로 인해 작은 불씨가 일어나
공동체를 와해시키는 불길로 번지기도 합니다.

예수님,
우리 공동체 안에
주님의 사랑이 풍성히 넘쳐나게 해주세요.
성령님의 임재를 구합니다.

○

내 사랑아,

지금 네가 서 있는 그 자리는
내가 허락한 자리란다.

너희 각 사람은 공동체 안에서 지체가 되어
내 안에서 한 몸을 이룬단다.

몸의 아주 작은 부분도
쓸데없는 부분이 없다는 걸
너도 잘 알 것이다.

그렇게 각 지체는
교회의 머리가 되는 내 사랑 안에서
서로 사랑을 배워가고
하나님의 나라와 영광을 위해
함께 도우며 나아가야 한단다.

너희 각 사람을 한 공동체로 부른 건,
각자의 달란트대로 헌신하고
분쟁 없이 서로를 돌보길 바라서란다.

한 지체가 슬퍼하면 같이 슬퍼하고
한 지체가 즐거워하면 함께 뛸 듯이 기뻐하는
'한 몸 공동체'가 되기를 바라며 말이야.

그런 내 소망함과는 다르게
공동체 안에서 분열하고
서로 시기하는 모습을 볼 때면,

내 마음이 갈기갈기 찢어진단다.

어찌 손이 발을 보고, 눈이 입을 보고,
"너는 쓸데없다" 할 수 있겠니.

어찌 서로를 더 품어주지 못하고
싸우고 원망하며 사분오열하느냐!

아무리 작은 지체라도,
손끝의 손톱 하나까지도
몸에서 중요하지 않은 것은 없단다.

맡은 역할의 크고 작음과
직분의 높고 낮음으로
다른 지체를 시기하거나 판단하거나
정죄하거나 업신여기지 말거라.
자기 의를 그만 내려놓아라.

나는 너희가 한마음이 되어
전심으로 나를 찬양하길 바란단다.

너희는 성령 안에서
하나로 묶인 공동체임을 기억하고
공동체를 위해 전심으로 기도하렴.

내 사랑아,
네가 먼저 낮아지렴.
네가 먼저 다가가 섬기렴.
네가 먼저 더욱 사랑하렴.

연약한 지체를 더 귀히 여기고
넉넉한 사랑으로 품어주는
따스한 공동체가 되기를
온 마음 다해 축복한다.

사랑을 구하는 너에게
나의 마르지 않는 사랑을
넘치도록 부어주마.

공동체의 연합을 위해
눈물로 부르짖는 너에게
회복과 평안을 허락하여 주겠다.

우리가 이 계명을 주께 받았나니
하나님을 사랑하는 자는
또한 그 형제를 사랑할지니라
요한일서 4:21

244

교회 공동체는 예수님을 사랑하는 이들이 모인 곳입니다. 그러나 각자의 연약함과 모난 부분으로 서로를 찌르기도 하고, 상처를 입기도 하지요.

하지만 중요한 것은, 말씀과 예배로 모난 부분을 둥글게 다듬어 가고 사랑으로 서로의 허물을 용납하는 일입니다.

예수님이 우리를 사랑하시되 끝까지 사랑하셨던 것처럼, 지금도 그 사랑으로 우리를 돌보시며 함께하시는 것처럼, 우리도 곁에 있는 지체들을 예수님의 사랑과 오래 참음과 넉넉한 마음으로 품기를 원합니다.

먼저 낮아집시다. 먼저 섬깁시다. 먼저 사랑합시다.

사랑의 근원이신 예수님 안에서 서로의 손을 놓지 말고, 격려와 사랑으로 함께 자라가는 믿음의 공동체가 되기를 기도합시다.

◑ 공동체에 힘든 지체가 있나요? 어떤 부분이 힘든가요?

_____

◑ 그를 정죄, 판단, 시기하고 있나요, 예수님의 사랑으로
이해하려 하나요?

_____

◑ 내가 속한 공동체를 위해 기도합시다. 지체들의
이름을 부르며 예수님의 사랑으로 축복합시다.

_____

네가 먼저
낮아지렴

네가 먼저
다가가 섬기렴

네가 먼저
더욱 사랑하렴

예수님을 떠나는 이들을
돌이켜 주세요

□

예수님,

지난 몇 년간, 전 세계가
예상치 못했던 큰 질병 앞에서
신음하고 아파했습니다.

많은 사람이 죽었고,
상실의 고통을 겪었습니다.

당연한 줄만 알았던 일상이
얼마나 소중한 것인지,
인간이 얼마나 무력한지 깨달았습니다.

무엇보다 교회와 예배의 풍경이 바뀌었습니다.

248

많은 사람이 생명의 길, 사랑의 길에서
점점 멀어져 감을 봅니다.
예수님에게서 멀어지고
교회를 떠나는 것을 봅니다.

신앙은 있지만
교회에 나가지 않는 가나안 성도들,
남몰래 아파하고 고립되는 청년들,
올바른 신앙 교육을 받지 못한 채 자라나는
다음세대 아이들을 생각하면
눈시울이 붉어집니다.

주님, 어떠한 상황에도
주님을 향한 사랑이
변하지 않기를 원합니다.

그 사랑과 열망이
더욱 깊어지기를 원합니다.

예수님의 품을 떠나는 지체들을 위해
제가 무엇을 할 수 있을까요?

잠잠히 예수님의 마음을 구합니다.
지혜를 주세요.

○

내 사랑아,

나 또한 가슴이 미어진단다.

사랑하는 자녀들이 내 존재를 부정하고
나에게서 멀어지는 것을 바라보기가 힘들구나.

그럼에도 나는 변함없는 사랑으로
내 자녀들이 '다시' 내 품으로 돌아오길 바란단다.
믿음의 길을 버리고 세상을 택하여 떠났어도
다시 내게로 돌아오길 기다린단다.

내 사랑아,
나는 길 잃은 한 마리 양을
찾아 나서는 목자란다.

한 영혼을 천하보다 귀히 여기지.
내 목숨을 내어주기까지 사랑하는
내 딸이고, 내 아들이기 때문이란다.

이 말은, 너 또한 길을 잃어 헤맬 때
목자인 내가 찾아 나설 거라는 뜻이야.

내 품을 떠나는 이들을 위해
네가 무얼 할 수 있을지 내게 물었지?

날마다 너의 마음을 말씀으로 새롭게 하렴.
그리고 나에게서 멀어진 내 자녀들을 보렴.

내 품을 떠나 나를 잊어버린 그들에게
다시금 나를 상기시키며
나의 사랑으로 그들을 초대하거라.

신앙생활의 어려움을 겪는 이들을 위해
계속 기도하거라.

"사랑하는 예수님,
그들의 마음을 만져주세요.
상처와 아픔을 치료해 주세요.
주님의 품으로 돌아오게 해주세요."

그리고 다가가서 그들의 이야기를 경청하렴.

정죄하거나 판단하지 말고
사랑하는 마음으로 귀 기울이며
그들의 마음을 이해하고
지지하는 존재가 되어주렴.

그들을 내게 돌아오게 하는 것은 나의 일이지만,
너를 그 사랑과 은혜의 도구로 사용하고 싶단다.

내 사랑아,
믿음의 자리를 굳게 지켜라.

네가 삶에서 나를 예배하고 찬양하고
신실하게 섬기는 모습을 통해
잃어버린 양들이 돌아올 거란다.

나의 세밀한 인도를 따라
나를 의지하며 나아갈 때,
너는 내가 기뻐하는
'사랑의 편지', '사랑의 통로'가 될 거야.

나를 굳게 신뢰하는 너를 통해
죽어가는 한 영혼,
신음하는 나의 자녀를 회복시킬 것이다.

우리가 그 안에서 그를 믿음으로 말미암아
담대함과 확신을 가지고
하나님께 나아감을 얻느니라

에베소서 3:12

긴 시간, 우리는 코로나의 사슬에 묶여 있었습니다. 사람의 힘으로 해결할 수 없는 질병의 문제 앞에서 서로를 경계하고, 의심하며, 모이기를 꺼렸지요.

그 결과 경건의 자리는 속수무책으로 무너져 내렸습니다. 하나님과 일대일로 더 깊이 교제하기 위해 몸부림치는 이들도 있었지만, 많은 이가 교회를 떠났습니다.

코로나 팬데믹은 소강상태에 접어들었지만, 영적인 아픔으로 남몰래 신음하는 이들이 여전히 있습니다.

영상예배로 간신히 신앙의 끈을 잡고 있는 사람, 교회 공동체를 떠나버린 가나안 성도, 소리 없이 예수님의 품을 벗어난 잃어버린 양들…. 그들이 '다시' 돌아오길 간절히 기다리시는 예수님의 마음을 헤아려 봅니다.

지금 떠오르는 영혼을 위해 기도합시다. 주님께서 천하보다 귀한 한 영혼을 우리에게 맡기셨으니, 오늘 그를 향한 '사랑의 편지'를 들고 순종과 충성함으로 나아갑시다.

생각하고 적어보기

◑ 주변에 예수님에게서 멀어진 이가 있나요?
혹 내가 그 사람인가요?

_____

◑ 그 영혼을 위해 어떤 노력을 할 수 있을까요?

_____

◑ 그 영혼을 위한 기도문을 적어보세요.

_____

나를 굳게 신뢰하는 너를 통해
죽어가는 한 영혼,
신음하는 나의 자녀를 회복시킬 것이다

성숙한 신앙을
갖고 싶어요

□

예수님,

당신을 사랑할수록 당신을 더 알고 싶고,
믿음 안에서 더욱 자라가고 싶은
열망이 솟아납니다.

어린아이 수준의 믿음에 머물러 있지 않고
성숙한 믿음으로 자라 예수님을 따르고 싶어요.

예수님을 진정 닮아가고 싶습니다.

조급함을 내려놓고
당신께 귀를 기울입니다.
마음을 활짝 열고 나아갑니다.

256

당신을 닮아가고자 하는
이 깊은 갈망에 '은혜'를 더해주세요.

○

내 사랑아,

너의 고백이 참으로 기쁘다.

사랑하는 네가
내게로 가까이 나아와
나를 더 닮고자 하는 소원을 말해주니
더할 나위 없이 행복하구나.

나 또한 우리의 관계가
끊을 수 없는 사랑 안에서
더 깊어지기를 원한단다.

내 사랑아,
나를 더 알아가려면
말씀을 가까이하고 말씀에 집중하거라.

내 자녀들이 나와 더 깊은 관계로

들어가는 가장 좋은 방법은
성경을 통해 나를 올바르게 아는 거란다.

나의 성품과 뜻과 사랑이 모두 담겨있는
진리의 책을 네 손에서 떼지 말고
밤낮으로 묵상하렴.

그리고 세상의 온갖 소음에 귀를 닫고
늘 내게 집중하며 기도하렴.

매 순간 네 앞에 놓이는
행복과 슬픔, 기쁨과 절망, 두려움과 소망
그 모두를 그대로 가지고 내게 나아오거라.

함께 나누는 친밀한 대화를 통해
우리의 관계는 더욱 깊어질 거야.

내 사랑아,
네가 믿음의 길을 걸어갈 때 외롭지 않게
힘이 되어줄 동역자들을 보내줄게.

서로의 약함이
약점이 아닌 기도 제목이 되고,
서로의 성장하는 모습을

진심으로 응원하며
기뻐해 줄 수 있는 이들을 말이야.

어떻게 하면 나를 더 기쁘게 하고,
이웃에게 사랑을 전할 수 있을지를
함께 고민하며
삶의 예배를 진실하게 드리는,
복음을 전하는 동역자.

네가 잘못된 길로 갈 때
쓴소리를 해서라도 바른길로 돌이키고,
하나님을 더욱 붙들고
바라보도록 돕는 동역자.

좁은 길을 갈 때 함께 콧노래를 부르며
나와 동행하는 기쁨을 날마다 누리는 동역자.

그들과의 관계 속에서
너는 사랑을 배우고, 배려를 익히며
신앙이 성장해 갈 거란다.

내 사랑아,
너의 삶에 성령의 충만한 임재와
인도를 구하렴.

삶에 성령의 열매가 맺히도록,
내 말에 기쁨으로 순종하는
믿음이 생기도록 늘 깨어 기도하렴.

너의 믿음이
제자리에 머물러 있지 않고
아름답게 자라나 결실하도록
내가 도와줄 거란다.

너는 나의 자랑이요,
나의 기쁨이란다.

예수님의 기도

무릇 하나님께로부터 난 자마다
세상을 이기느니라
세상을 이기는 승리는 이것이니
우리의 믿음이니라

요한일서 5:4

예수님을 사랑하면 그분을 닮고 싶고, 그분이 가졌던 길을 따라가고 싶어집니다.

예수님의 발자취를 알기 위해서는 진리의 말씀인 성경을 가까이해야 하지요. 그분을 따르려면 내 자아가 끊임없이 죽어야 합니다.

예수님과 친밀히 교제하고 자신을 다듬어가며 말과 행동에서 예수 그리스도의 향기가 나는 삶. 성령의 열매가 아름답게 맺히는 삶. 땅 깊이 뿌리내려 더디지만 튼튼하게 자라나는 한 그루 나무와 같은 삶.

그런 삶을 살아가고 싶습니다. 그래서 오늘도 성령님의 임재와 세밀한 인도하심을 간절히 구합니다. 말씀으로 삶을 점검하고 기도로 주님의 뜻을 구하며 순종함으로 주님께 나를 내어드려야겠습니다.

하나님 앞에 가는 그날까지 어제보다 오늘, 오늘보다 내일이 더 성숙한 믿음이고 싶습니다.

◑ 내 신앙은 성장하고 있나요, 퇴보하고 있나요?

_____

◑ 꼭 닮고 싶은 예수님의 성품과 그 이유를 적어보세요.

_____

◑ 예수님을 더 알고 그분을 닮기 위해 어떤 노력을
할 수 있을까요?

_____

나와 더 깊은 관계로
들어가는 가장 좋은 방법은

성경을 통해
나를 올바르게 아는 거란다

예수님의 은혜

초판 1쇄 발행   2024년 5월 29일

지은이   햇살콩(김나단, 김연선)

펴낸이   여진구
책임편집   김아진 정아혜
편집   이영주 박소영 최현수 안수경 김도연
책임디자인   마영애 노지현 조은혜 이하은
홍보 · 외서   진효지
마케팅   김상순 강성민   마케팅지원   최영배 정나영
제작   조영석 허병용   경영지원   김혜경 김경희

303비전성경암송학교 유니게 과정
이슬비전도학교 / 303비전성경암송학교 / 303비전꿈나무장학회

펴낸곳   규장

주소   06770 서울시 서초구 매헌로 16길 20(양재2동) 규장선교센터
전화   02)578-0003   팩스   02)578-7332
이메일   kyujang0691@gmail.com   홈페이지   www.kyujang.com
페이스북   facebook.com/kyujangbook   인스타그램   instagram.com/kyujang_com
카카오스토리   story.kakao.com/kyujangbook
등록일   1978.8.14. 제1-22

책값   뒤표지에 있습니다.
ISBN   979-11-6504-532-6 03230

규 | 장 | 수 | 칙

1. 기도로 기획하고 기도로 제작한다.
2. 오직 그리스도의 성품을 사모하는 독자가 원하고 필요로 하는 책만을 출판한다.
3. 한 활자 한 문장에 온 정성을 쏟는다.
4. 성실과 정확을 생명으로 삼고 일한다.
5. 긍정적이며 적극적인 신앙과 신행일치에의 안내자의 사명을 다한다.
6. 충고와 조언을 항상 감사로 경청한다.
7. 지상목표는 문서선교에 있다.

하나님을 사랑하는 자 곧 그의 뜻대로 부르심을 입은 자들에게는 모든 것이 合力하여 善을 이루느니라(롬 8:28)

규장은 문서를 통해 복음전파와 신앙교육에 주력하는 국제적 출판사들의
협의체인 복음주의출판협회(E.C.P.A:Evangelical Christian Publishers
Association)의 출판정신에 동참하는 회원(Associate Member)입니다.